"十三五"国家重点图书出版规划项目

自动驾驶技术系列丛书

自动驾驶技术概论

王建 徐国艳 陈竞凯 冯宗宝 ◎ 编著

清华大学出版社

北京

内 容 简 介

随着汽车工业和信息技术的发展，汽车智能化程度越来越高，自动驾驶技术能够通过融合多传感器感知道路周边环境信息，结合高精地图和高精度定位实现路径规划，经决策后控制车辆运动。自动驾驶技术能够提高道路通行效率，减少交通事故和人员伤亡，提高车辆的运行效率，降低驾驶员的劳动强度，降低能源消耗。本书系统地对自动驾驶所涉及的技术进行了介绍，主要内容包括：传统汽车和自动驾驶汽车的发展历史及行业现状、传统汽车和自动驾驶汽车构造基础、自动驾驶汽车线控系统技术、自动驾驶汽车环境感知和高精度定位技术、自动驾驶汽车开发平台、百度 Apollo 自动驾驶平台。

本书可以作为高等院校车辆工程、交通工程专业在校学生的教材，也可供从事自动驾驶汽车相关专业的工程技术人员使用和参考。

本书封面贴有清华大学出版社防伪标签，无标签者不得销售。
版权所有，侵权必究。举报: 010-62782989，beiqinquan@tup.tsinghua.edu.cn。

图书在版编目(CIP)数据

自动驾驶技术概论/王建等编著. —北京: 清华大学出版社，2019(2023.1 重印)
(自动驾驶技术系列丛书)
ISBN 978-7-302-53778-6

Ⅰ. ①自… Ⅱ. ①王… Ⅲ. ①汽车驾驶—自动驾驶系统 Ⅳ. ①U463.8

中国版本图书馆 CIP 数据核字(2019)第 199947 号

责任编辑：黄　芝
封面设计：刘　键
责任校对：李建庄
责任印制：朱雨萌

出版发行：清华大学出版社
　　　　网　　址：http://www.tup.com.cn, http://www.wqbook.com
　　　　地　　址：北京清华大学学研大厦 A 座　　　　邮　　编：100084
　　　　社 总 机：010-83470000　　　　邮　　购：010-62786544
　　　　投稿与读者服务：010-62776969, c-service@tup.tsinghua.edu.cn
　　　　质量反馈：010-62772015, zhiliang@tup.tsinghua.edu.cn
　　　　课件下载：http://www.tup.com.cn, 010-83470236
印 装 者：三河市龙大印装有限公司
经　　销：全国新华书店
开　　本：185mm×260mm　　印　张：10.5　　字　数：254 千字
版　　次：2019 年 12 月第 1 版　　印　次：2023 年 1 月第 10 次印刷
印　　数：18701～20700
定　　价：59.80 元

产品编号：083010-01

丛书编写委员会

主　　　编：王云鹏　李震宇
副 主 编：陈尚义　邓伟文　吕卫锋
执 行 主 编：杨世春　杨晴虹　蒋晓琳
参　　　编：（按姓氏拼音排列）

白　宇	鲍万宇	鲍泽文	蔡仁澜	曹耀光	陈博文
陈东明	陈竞凯	陈　卓	段　旭	冯宗宝	付晓鑫
傅轶群	郝大洋	胡　星	华旸	黄　坚	黄科佳
黄新宇	李洪业	李　明	李晓欢	李晓辉	刘盛翔
柳长春	路　娜	马常杰	马　彧	毛继明	芮晓飞
佘党恩	申耀明	宋　国	宋适宇	唐　欣	唐　盈
陶　吉	万国伟	万　吉	王　建	王　健	王　军
王　亮	王亚丽	王　阳	王煜城	夏黎明	夏　添
肖　赟	谢远帆	辛建康	邢　亮	徐国艳	闫　淼
杨　镜	杨睿刚	杨晓龙	余贵珍	云　朋	翟玉强
张　辉	甄先通	周　彬	周　斌	周绍栋	周　珣
周　尧	周亦威	朱振广			

序言

随着我国工业化、城镇化和机动化进程的不断加快,伴随而来的道路交通事故频发、城市交通拥堵加剧和环境污染等一系列问题日益凸显,不仅给人们出行和城市发展,乃至我国经济、社会和环境的可持续发展带来了严峻的挑战,也严重阻碍了我国汽车工业的持续健康发展。步入汽车社会不久的中国已经被交通安全、城市拥堵、大气污染、土地空间和能源短缺等诸多问题严重困扰,这些问题成为制约我国经济与社会发展、城镇化进程和汽车工业发展的主要因素。

以现代智能汽车为核心,基于人工智能、互联网、大数据和云计算技术,具有高度智能化的人、车、路、网、云和社会一体化的新型智能交通系统是解决这一矛盾的根本途径。通过对道路交通信息和车载环境感知信息的高度融合、通过大系统建模,实现对交通和车辆的动态实时规划,集成控制道路交通设施和车辆行驶,实现以安全、畅通、高效和绿色交通为目标的道路交通流量、流速和流向的最优化,智能汽车是其核心单元。

智能汽车是汽车电子信息化和智能化的现代高科技产物,是集环境感知、规划决策和控制执行等功能于一体的现代运载工具和移动信息处理平台,具有典型的多学科和跨学科特点,它既是传统技术的继承与发展,又是许多新兴科学技术应用的结晶。开展智能汽车从基础理论到关键技术的研究,特别是人工智能技术的应用,对于提升汽车技术、加强传统技术与现代电子信息和人工智能技术的深度融合具有十分重要的意义。这也是本丛书的出发点和立意所在。

汽车自动驾驶技术,以及未来与车联网结合实现的智能网联技术,高度融合了现代环境传感、信息处理、通信网络、运动控制等技术,以实现安全可靠的自动驾驶为目标。特别是近年来以深度学习为代表的人工智能技术,不仅成为引领这一轮科技革命和产业变革的战略性技术,而且在包括汽车自动驾驶在内的许多领域凸显其技术优势,为推动汽车自动驾驶技术的发展与大规模产业化奠定了关键的技术基础。深度学习通过构建多隐层模型,通过数据挖掘和海量数据处理,自动学习数据的特征、内在规律和表示层次,从而有效地解决汽车自动驾驶中许多复杂的模式识别难题。随着深度学习理论和算法的不断发展,可以预期许多新的技术还将不断涌现或完善,以提高深度学习的计算效率和识别或预测的准确性,从而为深度学习及至人工智能技术在汽车自动驾驶领域的广泛且深入应用开辟更为广阔的应用前景。本丛书对此作了较为详尽的介绍,这也是其新颖之处。

百度作为一家具有过硬搜索技术的互联网公司,也在人工智能和无人驾驶等领域形成了具有重要国际影响力的技术优势。百度也是我国互联网造车势力中的重要代表力量,早在 2013 年就开始了无人驾驶汽车项目,近年来更是取得了令世界瞩目的进展和成果。其开发的以开放性著称、面向汽车自动驾驶行业合作伙伴的软件平台 Apollo 就是一个典范,为合作伙伴提供技术领先、覆盖范围广、超高自动化水准的高精地图、海量数据仿真引擎、深度学习自动驾驶算法等。本丛书对 Apollo 平台的介绍着笔不少,相信对从事汽车自动驾驶领域研究与应用的读者大有裨益。

这是一套共六册的关于汽车自动驾驶的系列丛书,由来自北京航空航天大学、百度等一批活跃在汽车自动驾驶理论研究与技术应用一线的中青年优秀学者和科研人员执笔撰写。它不仅涵盖的范围广泛,而且内容也十分丰富翔实。值得关注的是,它涉及的知识体系和应用领域已大大超越了传统的汽车领域,广泛地涵盖了电子信息、自动控制、计算机软硬件、无线通信、人工智能等在内的许多学科。它不仅是汽车自动驾驶的技术丛书,也是跨学科融合、多学科交叉的平台。这套丛书内容深入浅出、理论结合实践、叙述融合实例,各册彼此相对独立又相得益彰。作为教材或参考书,本丛书将为这个领域的教学与人才培养提供一个较好的选择,既为刚步入智能驾驶世界的读者开启一扇大门,也为深耕智能驾驶领域的科研和工程技术人员提供一套有价值的技术参考资料。

邓伟文　北京航空航天大学交通科学与工程学院院长

前言

随着汽车工业、信息技术和人工智能技术的发展,汽车智能化、自动化程度越来越高,自动驾驶技术能够通过融合多传感器感知道路周边环境信息,结合高精地图和高精度定位实现路径规划,经决策后控制车辆运动。自动驾驶技术能够提高道路通行效率,减少交通事故和人员伤亡,提高车辆的运行效率,降低驾驶员的劳动强度,降低能源消耗减少排放,提高出行的舒适性。自动驾驶是一个复杂的软硬件结合的系统,主要分为感知定位、决策规划、控制执行三大技术模块。感知定位模块主要通过摄像头、雷达等高精度传感器,为自动驾驶提供环境信息;决策规划模块依据感知系统提供的车辆定位和周边环境数据,在平台中根据适当的模型进行路径规划等决策;控制执行模块以自适应控制和协同控制方式,驱动车辆执行相应命令动作。本书系统地对自动驾驶所涉及的技术进行了介绍。

本书为高等院校车辆工程、交通工程专业的学生编写,同时也可供从事智能汽车技术研究的有关工程技术人员参考。全书分为5章。第1章介绍了自动驾驶汽车概述,包括汽车发展史及发展趋势,自动驾驶汽车的产生及行业发展现状;第2章介绍了汽车构造基础,包括传统汽车的车辆动力传动系统、车辆悬架系统、车辆转向系统、车辆制动系统、自动驾驶汽车的线控系统技术及CAN总线技术;第3章介绍了自动驾驶汽车技术架构,包括自动驾驶汽车整体架构、环境感知传感器技术、车辆定位技术、高精地图技术、规划与决策技术、V2X技术;第4章介绍了自动驾驶汽车开发平台,包括开发平台概述、硬件平台、软件开源平台、整体开放平台及安全解决方案;第5章介绍了百度Apollo自动驾驶平台,包括Apollo平台概述、Apollo车辆要求、Apollo支持的传感器、Apollo平台的安装和使用、开放数据集。

本书作者长期从事车辆工程和自动驾驶汽车的教学与科研工作,在编写本书过程中借鉴了同类教材的优点,同时把自动驾驶汽车的最新研究成果与百度Apollo平台的最新技术吸收到本书中,因此本书具有较强的综合性和前沿性,有利于学生理解和掌握智能驾驶汽车最新的核心技术。

本书由北京航空航天大学联合百度公司共同编写，在编写过程中得到了来自北京航空航天大学和百度公司的多位专家、老师、同学的参与和支持，包括北京航空航天大学的谭琨、熊绎维、张永康、张行健、赵菲、李凤远，以及百度公司的陈卓、夏黎明和唐盈等。谨在此向他们致以深切的谢意。

由于编写时间短，编者水平有限加之经验不足，本书难免有疏漏和不足之处，恳请各位同行和读者批评指正。

编者　于北京航空航天大学

2019 年 9 月

目录

第 1 章　自动驾驶技术概述　1

1.1　汽车发展史及发展趋势　1
　　1.1.1　蒸汽机与蒸汽机车的发明　1
　　1.1.2　内燃机与内燃机汽车的发明　3
　　1.1.3　汽车发展趋势　7
1.2　自动驾驶汽车的产生　9
　　1.2.1　研发历史　9
　　1.2.2　自动驾驶时代的开启　11
1.3　自动驾驶概述　14
　　1.3.1　定义及分级标准　14
　　1.3.2　SAE J3016 的自动驾驶级别划分　16
　　1.3.3　中国智能汽车等级划分　20
1.4　自动驾驶技术与行业发展现状　20
　　1.4.1　技术发展现状　20
　　1.4.2　行业代表　23
参考文献　29

第 2 章　汽车构造基础　31

2.1　车辆动力传动系统　31
　　2.1.1　概述　31
　　2.1.2　传统动力传动系统　31
　　2.1.3　纯电动传动系统　37
　　2.1.4　混动传动系统　39
2.2　车辆悬架系统　42
　　2.2.1　概述　42
　　2.2.2　非独立悬架　44
　　2.2.3　独立悬架　44
　　2.2.4　电控悬架　45
2.3　车辆转向系统　46

    2.3.1 转向系统的功用及类型 …………………………………………………… 46
    2.3.2 转向器 ………………………………………………………………………… 47
    2.3.3 转向助力 ……………………………………………………………………… 49
  2.4 车辆制动系统 …………………………………………………………………………… 52
    2.4.1 概述 …………………………………………………………………………… 52
    2.4.2 制动器 ………………………………………………………………………… 53
    2.4.3 制动助力系统 ………………………………………………………………… 55
    2.4.4 制动力调节系统 ……………………………………………………………… 57
  2.5 汽车线控系统技术 ……………………………………………………………………… 59
    2.5.1 概述 …………………………………………………………………………… 59
    2.5.2 汽车线控的关键技术 ………………………………………………………… 60
    2.5.3 典型线控系统 ………………………………………………………………… 64
  2.6 CAN 总线技术 …………………………………………………………………………… 69
    2.6.1 概述 …………………………………………………………………………… 69
    2.6.2 工作原理 ……………………………………………………………………… 70
    2.6.3 工作特点 ……………………………………………………………………… 72
    2.6.4 SAE J1939 协议 ……………………………………………………………… 72
    2.6.5 百度自动驾驶汽车的线控技术应用 ………………………………………… 74
参考文献 ………………………………………………………………………………………… 75

第 3 章 自动驾驶汽车技术架构　　　　　　　　　　　　　　　　　　　77

  3.1 自动驾驶汽车整体架构 ………………………………………………………………… 77
  3.2 环境感知传感器技术 …………………………………………………………………… 78
    3.2.1 激光雷达 ……………………………………………………………………… 79
    3.2.2 摄像头 ………………………………………………………………………… 81
    3.2.3 毫米波雷达 …………………………………………………………………… 84
    3.2.4 超声波雷达 …………………………………………………………………… 86
    3.2.5 环境感知实例——车道线检测 ……………………………………………… 87
  3.3 定位系统 ………………………………………………………………………………… 90
    3.3.1 卫星定位技术 ………………………………………………………………… 90
    3.3.2 差分定位系统 ………………………………………………………………… 94
    3.3.3 惯性导航定位 ………………………………………………………………… 97
    3.3.4 多传感器融合定位技术 ……………………………………………………… 100
  3.4 高精地图技术概述 ……………………………………………………………………… 103
    3.4.1 高精地图综述 ………………………………………………………………… 103
    3.4.2 高精地图在自动驾驶中的应用 ……………………………………………… 105
    3.4.3 高精地图的制作 ……………………………………………………………… 106
  3.5 规划与决策系统概述 …………………………………………………………………… 109
    3.5.1 路径规划 ……………………………………………………………………… 109

3.5.2　路径规划算法介绍 ……………………………………………………… 111
3.6　V2X 技术概述 ……………………………………………………………………… 111
　　3.6.1　V2X 分系统概述 ………………………………………………………… 112
　　3.6.2　V2X 典型应用 …………………………………………………………… 113
参考文献 ……………………………………………………………………………………… 114

第 4 章　自动驾驶汽车开发平台　　116

4.1　开发平台概述 ……………………………………………………………………… 116
4.2　硬件平台 …………………………………………………………………………… 116
　　4.2.1　传感器平台 ……………………………………………………………… 116
　　4.2.2　计算平台 ………………………………………………………………… 118
　　4.2.3　线控车辆平台 …………………………………………………………… 119
4.3　软件开源平台 ……………………………………………………………………… 119
　　4.3.1　ROS 介绍 ………………………………………………………………… 119
　　4.3.2　ROS 特点 ………………………………………………………………… 120
　　4.3.3　ROS 文件系统层 ………………………………………………………… 120
　　4.3.4　ROS 计算图层 …………………………………………………………… 121
4.4　整体开放平台 ……………………………………………………………………… 122
　　4.4.1　硬件平台 ………………………………………………………………… 122
　　4.4.2　软件平台 ………………………………………………………………… 123
　　4.4.3　云端平台 ………………………………………………………………… 124
4.5　安全解决方案 ……………………………………………………………………… 124
　　4.5.1　潜在威胁与对应方案 …………………………………………………… 124
　　4.5.2　Apollo 安全方案 ………………………………………………………… 125
参考文献 ……………………………………………………………………………………… 126

第 5 章　Apollo 平台介绍　　127

5.1　Apollo 平台概述 …………………………………………………………………… 127
　　5.1.1　Apollo 平台发展历程 …………………………………………………… 127
　　5.1.2　Apollo 平台技术框架 …………………………………………………… 129
5.2　Apollo 车辆要求 …………………………………………………………………… 132
　　5.2.1　车辆功能要求 …………………………………………………………… 132
　　5.2.2　车辆线控要求 …………………………………………………………… 132
5.3　Apollo 支持的传感器 ……………………………………………………………… 136
　　5.3.1　激光雷达 ………………………………………………………………… 136
　　5.3.2　毫米波雷达 ……………………………………………………………… 140
　　5.3.3　摄像头 …………………………………………………………………… 140
　　5.3.4　导航模块 ………………………………………………………………… 141

  5.3.5 工控机 …………………………………………………………… 142
  5.3.6 CAN 卡 …………………………………………………………… 143
  5.3.7 Apollo 传感器单元 ……………………………………………… 143
 5.4 Apollo 平台的安装和使用 …………………………………………… 145
  5.4.1 Apollo 内核的编译 ……………………………………………… 145
  5.4.2 构建 Docker 容器 ……………………………………………… 145
  5.4.3 编译 Apollo 源代码 …………………………………………… 146
  5.4.4 启动并运行 Apollo 平台 ……………………………………… 146
 5.5 开放数据集 …………………………………………………………… 148
  5.5.1 仿真场景数据 …………………………………………………… 148
  5.5.2 标注数据 ………………………………………………………… 149
  5.5.3 演示数据 ………………………………………………………… 151
参考文献 ……………………………………………………………………… 153

第1章 自动驾驶技术概述

1.1 汽车发展史及发展趋势

1.1.1 蒸汽机与蒸汽机车的发明

提到蒸汽机,历史上众所周知的"蒸汽机之父"应该是英国的詹姆斯·瓦特,他发明的"瓦特蒸汽机"直接将人类推进了"第一次工业革命"时代,使人类踏入了机器时代的大门。其实在瓦特之前,蒸汽机就已经出现了。

在1712年,英国人托马斯·纽科门就已经发明了蒸汽机,用来驱动一台抽水机将矿井中的水抽出。这台蒸汽机在后来被称为"纽科门蒸汽机"。纽科门蒸汽机将蒸汽引入汽缸,然后向汽缸中喷水冷却,冷却后的汽缸内压下降,汽缸里的活塞在大气压力的推动下向上运动,带动抽水泵抽水。活塞每分钟只能运动10次,但这已经极大地提高了水泵抽水的效率。

1713年,纽科门把前人试验结果进行综合整理,成功制造出第一台实用的大气活塞式蒸汽机。蒸汽通入汽缸后推动活塞上行,接着在汽缸内部喷水使它冷凝,造成汽缸内部真空,汽缸外的大气压力推动活塞向下,再通过杠杆、链条等机构带动水泵提升活塞做功。它的缺点是热效率低,燃料消耗量大,主要用于矿井排水。

瓦特作为木匠出身的技工,直到1757年才被英国格拉斯哥大学聘为实验室技师,有了接触纽科门蒸汽机的机会。他对纽科门的蒸汽机产生了浓厚的兴趣。1763年,他在修理蒸汽机模型时发现,纽科门蒸汽机只利用了气压差,没有利用蒸汽的张力,因此热效率低,燃料消耗量大,他决心对纽科门蒸汽机进行改进。首先,他认为将汽缸里的蒸汽送到另一个容器中去冷却,既可以获得能做功的真空,又使汽缸中的温度下降不多,可大大提高热效率。另外,为防止空气冷却汽缸,必须使用空气的张力作为动力。1769年,瓦特与博尔顿合作,发明了装有冷凝器的蒸汽机。与纽科门蒸汽机相比,热效率提高了60%,但在性能上还无法作为真正的动力机,没有引起社会的关注。这是瓦特蒸汽机的第一次技术革新。

1781年,瓦特研制出了一套被称为"太阳和行星"的齿轮联动装置,终于把活塞的往复直线运动转变为齿轮的旋转运动。同年,为了使轮轴的旋转增加惯性,从而使圆周运动更加均匀,瓦特还在轮轴上加装了一个飞轮。由于这一对传统机构的重大革新,瓦特的蒸汽机才真正成了能带动一切工作机构的动力机。瓦特随后又研究制造了蒸汽机的曲柄连杆机构、四连杆机构、配气机构、离心调速器以及压力表等。这是瓦特蒸汽机的第二次技术革新。

1782年,瓦特改进了汽缸的结构,形成双向汽缸,从而使功率增加一倍,同时,首次引入汽缸的蒸汽由低压蒸汽变为高压蒸汽。双向高压蒸汽机发明后,纽科门蒸汽机完全被瓦特蒸汽机替代。这是瓦特蒸汽机的第三次技术革新。

从此,瓦特的双作用蒸汽机广泛运用于火车、轮船等运输工具,其中也包括了蒸汽机车。1769年,法国的一名陆军技术军官尼古拉斯·古诺大尉在政府的支持下试制成功一台三轮蒸汽机车,如图1.1所示,这是真正意义上的第一辆蒸汽机车。该车长7.32m,宽2.2m,前轮直径1.28m,后轮直径1.5m。该车前面支撑着一个梨形大锅炉,后面有两个汽缸,锅炉产生的蒸汽送进汽缸,推动汽缸里面的活塞上下运动,再通过曲柄把动力传给前轮驱动车辆前进,前进时靠前轮控制方向,每前进12~15min,就要停下来加热15min,运行速度为3.5~3.9km/h。由于操纵困难,在试车途中下坡时撞到了兵工厂的石头墙上,值得纪念的世界上第一辆蒸汽机车就这样成了一堆废铜烂铁,面目全非。

■图1.1 尼古拉斯·古诺大尉的三轮蒸汽机车[1]

1801年,理查德·特雷威蒂克制造了英国最早的蒸汽机车。两年后,他又研制了形状类似公共马车的蒸汽机车。这辆蒸汽机车能乘坐8个人,创造了在平路上时速为9.6km/h、坡道上时速为6.4km/h的那个时代的世界纪录。

1825年,英国公爵嘉内制造了第一辆蒸汽公共汽车,如图1.2所示。这辆车的发动机安装于后部,后轮驱动,前轮转向。它巧妙地采用专用转向轴设计,最前面两个车轮不承重,可由驾驶人利用方向舵轻便地转动,然后通过一个车辕,引导前轴转动,可以使转向轻松自如。1831年,嘉内利用这辆车开始了世界上最早的公共汽车运营服务。

1828年,法国人佩夸尔制造了一辆蒸汽机车。这辆蒸汽机车首次采用将发动机置于车的前端,而由后轴驱动的布置方案。在发动机和后轴之间用链条传动。后轴系由两根半轴构成,中间由差速齿轮连接,这就是最早发明的差速器。这种独立悬架设计,在当时有划时

图 1.2 英国公爵嘉内的蒸汽公共汽车[1]

代的意义。佩夸尔所制造的蒸汽机车采用的链条传动、差速器、独立悬架设计等技术,对汽车的发展贡献极大,至今有些技术仍在汽车上广泛地应用。

1833 年 4 月,英国人沃尔特·汉考克用其制造的"企业号"蒸汽机车(见图 1.3),成立了世界上最早的公共汽车运输公司。该车可承载十几名乘客,速度可达 32km/h。

图 1.3 沃尔特·汉考克制造的"企业号"蒸汽机车

19 世纪中叶,在欧洲各国和美国,对蒸汽机车的研究和制造达到了高潮。各种用途的蒸汽机车相继问世,出现了一个蒸汽机车的全盛时期。但是蒸汽机车存在笨重、惯性大、制动困难、转向不灵敏、运行时需要大量的水和煤、锅炉气压高易爆炸、车轴易断裂、易熄火、行车受天气影响大、舒适性差、污染大、启动困难(30~45min)以及热效率低(10%左右)等缺点,因此在 19 世纪中叶后,蒸汽机车日趋衰落。

1.1.2 内燃机与内燃机汽车的发明

蒸汽机的工作原理是在锅炉中燃烧把水烧开,将蒸汽送进汽缸,推动活塞和曲柄连杆机构工作,所以蒸汽机也被称为外燃机。它的热量损失很大,热效率仅为 10% 左右,能源浪费严重。如果能让气体燃料在汽缸里直接燃烧产生的气体膨胀力推动活塞做功,就可大大提高汽缸压力和热效率,因此内燃机是将燃料在汽缸内部燃烧产生的热能直接转化为机械能的动力机械。

内燃机的问世是当时许多科学家不懈努力的结果。早在1673年,荷兰科学家惠更斯就尝试使用火药爆炸来推动活塞做功,为此他绘制了火药发动机工作原理图。这也是首次出现的火药机,但由于火药危险性大,火药机没能普及,但为后来的内燃机问世奠定了基础。1794年,英国的斯垂特首次提出燃料与空气混合形成可燃混合气的原理。1801年,法国化学家菲利普·勒本采用煤气和氢气做燃料,制造了一台活塞发动机,从此内燃机迈出开拓性的一步。1824年,法国的萨迪·卡诺提出了热机的循环理论,也就是现在著名的"卡诺循环"。

1861年,法国工程师罗彻斯提出了著名的内燃机四冲程理论,即活塞在气缸中上下往复四次,完成进气、压缩、做功和排气一个循环,可以有效提高热效率。一百多年来的往复式汽车发动机,都是采用四冲程原理。

同样是1861年,德国发明家奥托通过对前人的煤气机的研究,制造出了他的第一种二冲程煤气机。随后,奥托开始了四冲程发动机的研制,他提出了自己的内燃机四冲程理论——奥托循环。奥托循环的一个周期是由吸气、压缩、膨胀做功和排气四个活塞行程构成,这为现代内燃机的发明奠定了理论基础。

根据奥托循环理论,1876年奥托制成了第一台四冲程往复活塞式内燃机,如图1.4所示。在这部内燃机上,奥托增加了飞轮,使运转平稳,把进气道加长,又改进了气缸盖,使混合气充分形成。这是一部非常成功的内燃机,其热效率相当于当时蒸汽机的2倍。奥托循环把进气、压缩、做功及排气融为一体,使内燃机的结构紧凑和简化,从而推动了小型内燃机的实用化。奥托创建的内燃机工作原理,一直沿用于至今的现代汽车发动机上。不过,奥托的内燃机以煤气为燃料,体积较大,质量较重,还不能用在汽车上。

■图1.4 奥托研制的四冲程煤气内燃机

德国人戈特利布·戴姆勒长期在奥托创建的道依茨发动机公司从事技术工作,他对汽油机更感兴趣,并认为奥托内燃机虽然质量大、转速低,但只要稍加改进就可以装在汽车上使用。1883年8月15日,戴姆勒和迈巴赫在奥托四冲程内燃机的基础上,通过改进开发出了第一台卧式汽油机,如图1.5所示。他们再接再厉,把发动机的体积尽可能缩小,终于制成了世界上第一台轻便小巧的化油器式、电点火的小型汽油机,转速达到了当时创纪录的

750r/min。这是世界上第一台立式发动机,取名为"立钟",如图1.6所示。戴姆勒把这台发动机装在一辆自行车上,1885年8月29日,戴姆勒取得了这辆"骑式双轮车"的德国专利。这实际上是世界上第一辆摩托车,如图1.7所示。所以,戴姆勒又被称为"摩托车之父",该摩托车最快速度达到了11.2km/h。

图1.5 戴姆勒第一台卧式发动机

图1.6 世界上第一台立式发动机——立钟

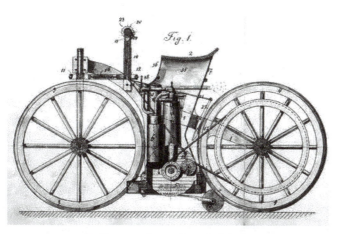

图1.7 世界上第一台摩托车

在这段时间内,现代汽车工业的先驱者之一,被称为"汽车之父"的卡尔·本茨也在进行着他的研究。1879年,卡尔·本茨研制成功火花塞点火内燃机。随后他又将内燃机改进为汽油发动机。1885年,卡尔·本茨制造了世界上第一辆三轮汽油车,车上装有三个实心橡胶轮胎车轮及一个卧置单缸二冲程汽油发动机。卡尔·本茨于1886年1月29日向德国皇家专利局申报专利并获得批准,因此1月29日被认为是世界汽车诞生日,1886年为世界汽车诞生年。这辆汽车被命名为"奔驰1号",现保存在慕尼黑科学博物馆内,如图1.8所示。

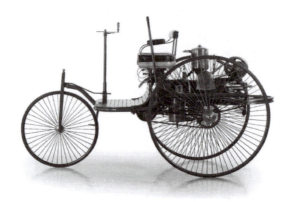

图1.8 奔驰1号

德国人发明了汽车,但在促进汽车初期发展方面做出贡献最多的却是法国人。1889年,法国人研制成功齿轮变速器、差速器;1891年,法国人首次采用前置发动机后轮驱动,开发出摩擦片式离合器;1895年,法国人开发出充气式橡胶轮胎;1898年,法国的雷诺1号车采用了箱式变速器、万向节传动轴和齿轮主减速器;1902年,法国的狄第安采用了流传至今的狄第安后桥半独立悬架。另外,1893年,德国人发明了化油器;1896年,英国人首次采用石棉制动片和方向盘。

1890年,德国人狄塞尔经过多年潜心研究,提出了压燃式柴油机的理论。1892年他申请了专利,并于1893年制造了第一台试验样机。该样机的热效率达到了26%,大大高于同时期的其他热机,如图1.9所示。狄塞尔发动机需要借助高压(7MPa)空气将燃油喷入气缸。因为当时没有高压液体燃油泵,空气喷射需要高成本的高压空气泵和大容积储气罐,所以柴油机只能用于固定发电装置和轮船。直到1920年,小型的高速压燃发动机才开始用作汽车动力。1957年,德国人汪克尔发明了转子活塞式发动机,如图1.10所示。它具有体积小、质量轻、结构简单、转矩特性均匀、运行安静、可靠性高、耐久性好等优点。但是它的缺点是密封难、油耗和排放高。

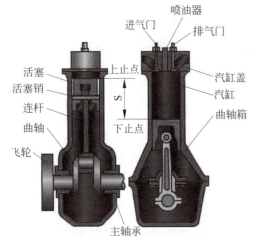

图1.9 压燃式发动机

图1.10 转子发动机

1.1.3 汽车发展趋势

经过一百多年的发展,汽车行业已经度过了高速发展期,变得日趋成熟稳定。经过一系列破产、并购等,现如今世界汽车企业已经形成了大众、通用、雷诺-日产、丰田、本田等巨头集团并立的格局。而国内的汽车行业经过近几十年的高速发展后也已临近巅峰,市场接近饱和,汽车整体销量呈现平稳中略显回落的态势。

回看近几年的汽车生产销售状况以及前沿技术研究现状,未来汽车的发展方向主要呈现为电动化与智能化。

1. 电动化

电动汽车是指全部或部分动力由电机驱动的汽车。按技术路线,电动汽车分为传统(油电/气电)混合动力汽车(HEV)、插电式混合动力汽车(PHEV)、纯电动汽车(EV)和燃料电池汽车(FCV),后三者统称为新能源汽车。

2017年,全球电动汽车总销量约为333万辆,与上年相比增幅为26.0%。全球电动汽车保有量也快速增长,2017年新能源汽车保有量达到约426万辆,比上年增长49.2%;传统混合动力汽车保有量达到约1328万辆,比上年增长11.8%。近年来,纯电动汽车和插电式混合动力汽车占比逐年提高,燃料电池汽车崭露头角。伴随着电动汽车技术路线的变化,各类型电动汽车市场也重新洗牌。欧洲各国、美国、日本、中国在电动汽车领域各有特点。未来各主要国家和地区电动汽车推广目标均在百万辆以上,而且从传统混合动力汽车、插电式混合动力汽车向纯电动汽车、氢燃料电池汽车方向迅速转变。图1.11描述了2008年至2017年全球各类电动汽车的销量趋势。

图1.11 2008—2017年全球各类电动汽车销量[2]

汽车电动化是世界汽车工业未来转型的方向,美国(加州)、德国、法国、英国、荷兰、挪威、印度等多个国家或地区都制定了燃油汽车禁售时间表,大多在2025—2030年,汽车动力也将随之发生革命性变化。根据壳牌公司的研究预测,电力、氢能源将从2030年前后开始逐步"接管"汽车能源市场,2040年、2060年使用量将分别占20%和60%以上,2070年乘用车市场将全面摆脱对化石燃料的依赖,电动汽车将得到全面普及。

美国、日本、德国等世界主要汽车强国,都将发展电动汽车上升到国家战略的高度,设置了发展目标,并积极开发和应用以动力电池为核心的汽车电动化技术,加快推进电动汽车产业化进程。从各国发布的推广目标来看,电动汽车规模都在百万辆级别。美国原计划2015

年推广新能源汽车100万辆,实现程度较高,达到近50%;德国计划到2020年和2030年分别推广100万辆和600万辆;日本计划2020年电动汽车在整体乘用车的销售比例中占到50%;中国计划至2020年推广500万辆新能源汽车。

传统混合动力汽车由于在技术成熟度、价格接受度上占有一定优势,并且对充电设施依赖程度低,故率先在全球得到推广。插电式混合动力汽车可以在全电动状态下工作,也可以作为传统燃油汽车使用,它不完全依赖充电设施,更贴近用户需求,近几年进入市场后,在欧、美、日渐受追捧。纯电动汽车完全靠电力驱动,动力系统相对简单,对充电设施的依赖程度大,近几年随着充电设施网络化,充电更加便捷。燃料电池汽车的燃料为氢气,被公认为是环保性能最好的汽车,并且燃料补给时间更短、续驶里程更长、噪声更低,最重要的一点是制取氢的原料取之不尽、用之不竭。

传统混合动力汽车和插电式混合动力汽车均具备两套动力系统,增加车重本身就是一种资源浪费,而且在使用过程中部分使用燃油,环保性能不如纯电动汽车,更不及燃料电池汽车。从全球电动汽车发展趋势来看,目前正在从传统混合动力汽车、插电式混合动力汽车向纯电动汽车发展,未来将朝着更清洁的燃料电池汽车方向发展。

2. 智能化

近年来,随着电子信息领域新技术的发展,物联网、云计算、大数据、移动互联等新技术正在向传统行业渗透。在汽车行业,与此相关的智能汽车、车路协同、出行智能化、便捷服务、车联网等,都已成为当前的技术热点,并且正在引起行业的巨大变革。以传统汽车技术作为基础平台,将汽车电子技术、新一代信息技术和智能交通技术融合而成的智能汽车,正在成为推动现代交通运输发展的主要动力之一。

汽车作为重要的运载工具,通过车载的传感器、红外设备、可视设备、控制器、执行器等电子设备,形成一种可以在任意地点、任意时刻、能够接入任意信息的模式,为汽车提供智能环境的支持,达到提高车辆安全性的目的。安全辅助驾驶系统、车载信息服务系统,这两个系统目前已经成为汽车智能化的亮点和卖点。另外,随着专用短程通信技术、传感器技术、车辆控制技术越来越成熟,自动驾驶和无人驾驶技术从实验室走向实际应用的步伐正在加快。特斯拉、谷歌、百度等公司相继进行了无人驾驶技术相关的测试,而奔驰、宝马、奥迪、本田等厂商,都已经拥有了比较成熟的自动驾驶技术。在我国,国防科技大学和解放军军事交通学院分别在从长沙到武汉、从北京到天津的高速公路上成功地完成了无人车的试验。

智能交通是我国交通运输领域发展的前沿方向之一,智能汽车的发展带动了智能交通产业的形成,正在推动交通运输产业的革命。因此,我国政府对智能汽车的关注度在不断地提升。"十二五"期间,国家863计划就部署了对智能车路协同的关键技术的研发,并取得了初步的成果。基于车路交互技术的车路合作系统,在实际道路上进行了应用试验。

具有自主知识产权的合作式智能运输系统、专用短程通信等一批国家标准,也在2014年正式发布。2015年,工业和信息化部发布的《中国制造2025》明确提出,到2025年,我国将掌握自动驾驶的总体技术以及各项关键技术,要建立起比较完善的智能网联汽车的自主研发体系,生产配套体系以及产业群,要基本完成汽车产业的转型升级。所以在政策和市场的共同作用下,我国的智能汽车技术发展迅猛,智能汽车领域相关系统以及应用软件的开发已经初步成形。

智能汽车系统的开发和应用,将为新的智能交通技术率先提供应用的场景,其市场空间非常巨大。业内的整车厂、供应商、中大型技术公司和初创公司纷纷进入,跨界合作,跨行业融合,协同创新,创造实际的价值,发掘新的商业机会。智能汽车的发展,必将为公众提供便捷、高效、绿色、安全的出行环境,创造更加美好的生活。

1.2 自动驾驶汽车的产生

1.2.1 研发历史

无人驾驶平台涵盖了无人机、无人艇、无人潜水器和地面无人驾驶车辆。其中,地面无人驾驶车辆也称自主地面移动平台、自主地面车辆等。本书探讨的自动驾驶汽车是地面无人驾驶车辆的一种,主要偏重于民用领域。从广义上讲,自动驾驶汽车是在网络环境下用计算机技术、信息技术和智能控制技术武装起来的汽车,或者说是有汽车外表和汽车性能的移动机器人。

实现无人驾驶是人类一直以来的梦想。但是,无人驾驶技术却是首先在军事应用的需求推动下得到了不断发展和完善。在这方面,美、德、意等国曾经走在世界前列。在2000年之前,美国卡内基·梅隆大学研制的NavLab系列智能车和意大利的ARGO实验车最具代表性,德国的VaMoRs-P系统也应用了很多无人驾驶车辆技术。下面分别介绍这些无人驾驶车辆项目,并简单说明同一时期我国无人驾驶车辆研究工作。

1. NavLab 系列

美国卡内基·梅隆大学机器人研究所研制了NavLab系列智能车辆。其典型代表有NavLab-1系统、NavLab-5系统和NavLab-11系统。

1) NavLab-1系统

NavLab-1系统于20世纪80年代建成。其计算机系统由Sun3、GPS、Warp组成,用于完成图像处理、图像理解、传感器信息融合、路径规划和车体控制;采用的传感器主要包括彩色摄像机、ERIM激光雷达、超声、陀螺、光码盘、GPS等。NavLab-1系统在典型结构化道路情况下运行速度为28km/h,而在使用神经网络控制器ALVINN控制车体的情况下,最高速度可达88km/h。

2) NavLab-5系统

NavLab-5系统于1995年建成。卡内基·梅隆大学与Assist-Ware技术公司合作,在NavLab-5上开发了便携式高级导航支撑平台(Portable Advanced Navigation Support, PANS)和快速自适应车体定位处理器——RALPH视觉系统。PANS平台为系统提供计算基础和I/O功能,能控制转向执行机构并进行安全报警。该平台的计算系统是一台SpareLx便携式工作站。该工作站能完成传感器信息处理与融合,和全局与局部路径规划任务。

NavLab-5在实验场环境道路上自主驾驶的平均速度为88.5km/h。公路实验时首次进行了横穿美国大陆的长途自主驾驶实验,其自主驾驶行程为4496km,占总行程的98.1%。车辆的纵向导航控制由驾驶员完成,而车辆的横向控制实现完全自动控制。尽管所行驶的道路绝大部分为高速公路,但仍有一部分路况复杂的市区公路以及路面条件较差的普通道路，同时还包括清晨、夜晚的特殊时段和暴雨等恶劣气候条件。

3) NavLab-11 系统

NavLab-11 系统是 NavLab 系列新一代的平台。其车体采用 Wrangler 吉普车。安装在车身上的传感器包括差分 GPS、陀螺仪和光电码盘、激光雷达、摄像机等。其中，差分 GPS 系统用的设备是 Trimble Ag-GPS 114，采用广域增强系统，可以实现实时亚米级精度；陀螺仪和光电码盘，采用 Crossbow 的 VG400CA 惯性姿态测量系统，可以实现在动态环境当中的全姿态测量；激光雷达使用激光扫描仪 SICK LMS 221-30206，最大检测范围为 50m，分辨率为 10mm，最大扫描角为 180°，角分辨率为 0.5°；摄像机型号为 SONY EVI-330 彩色摄像机。

NavLab-11 的车上装有工业级四核计算机，能处理各种传感器采集到的信息，并把信息分别送至各个子单元，包括对象侦测器、路肩侦测器、防撞子单元、控制子单元等。这款智能车的最高车速为 102km/h。

2. ARGO 项目

ARGO 试验车由意大利帕尔玛大学研制。它装有视觉系统，以获得道路环境信息，并具备不同的控制设备，以实现车辆无人驾驶功能。采用通用芯片、商用 MMX Pentium II 车载计算机系统，其传感器系统也采用普通适用性传感器。该车视觉系统采用商用低成本的 CCD 摄像机，应用立体视觉检测和定位车辆前方的障碍，通过单目图像来获取车辆前方道路的几何参数，通过 I/O 板来获得车辆的速度及其他数据。车道检测算法是从单目灰度图像中提取出道路特征，采用直线道路模型进行匹配。

在 1998 年意大利汽车百年行活动中，ARGO 试验车由通用障碍和车道检测（Generic Obstacle and Lane Detection，GOLD）系统控制驾驶，沿着意大利的高速公路网进行了 2000km 的道路试验。其中，ARGO 试验车行驶的道路既有平坦区域，也有高架桥和隧道丘陵区域。ARGO 试验车的无人驾驶里程达到总里程的 94%，最高车速为 112km/h。

3. VaMoRs-P 系统

在无人驾驶的研究上，德国联邦国防大学研制的 VaMoRs-P 系统也具备一定的代表性。VaMoRs-P 的计算系统由并行处理单元和两台 486 计算机组成。传感器系统包括由 4 个小型彩色 CCD 摄像机构成的两组双目视觉系统、3 个惯性线性加速度计和角度变化传感器、测速表及发动机状态测敏仪等。底层执行器包括用于驾驶控制的力矩电机、电子油门、液压制动器等设备。

VaMoRs-P 系统在高速公路和普通标准公路上进行了大量实验。实验内容包括跟踪车道线、躲避障碍以及自动超车等。车辆前进速度由驾驶员根据交通信号、环境条件和目标进行选择。该系统 1995 年公布的最高时速为 130km/h。

4. ATB 系列

由我国有关部委"八五"和"九五"计划支持的"军用地面机器人"（Autonomous Test Bed，ATB）系列，代表了 20 世纪 90 年代国内无人驾驶车辆技术研究领域的先进水平。

在"八五"期间，南京理工大学、北京理工大学、清华大学、浙江大学和国防科技大学等联合研制 ATB-1 无人驾驶车辆，其车体选用国产跃进车，车上集成了二维彩色摄像机、陀螺仪、超声波雷达等传感器。计算系统采用两台 Sim Spark 10，用以完成信息融合、调度、全局和局部路径规划等功能。两台486计算机负责路边信息的提取识别和激光信息处理。8098单片机负责定位计算和车辆自动操控驾驶系统。其体系结构以水平式结构为主,采用传统的"感知—建模—规划—执行"算法流程。实际演示表明,该车能在结构化及非结构化的野外道路上自主行驶、跟踪道路、避障、越野及岔路转弯。在直路上自主行驶的最高速度达21.6km/h,弯路速度也可达12km/h。

"九五"期间,我国继续组织研究了第二代无人驾驶车辆ATB-2系统。ATB-2系统的车体改装自德国奔驰Sprinter414厢式货车,具备面向结构化道路环境和越野环境的无人驾驶功能,同时还具有临场感遥控、夜间行驶、侦察等功能。实验结果表明,该车在结构化道路中最高行驶速度为74km/h,平均速度为30.6km/h;越野环境下白天行驶最高速度为24km/h,夜间行驶最高速度为15km/h。

1.2.2 自动驾驶时代的开启

比赛是激发技术研究热情、推动技术发展的好办法。国内外都举办过无人驾驶汽车相关比赛,其中最有代表性的当属美国DARPA无人驾驶车辆挑战赛和中国智能车未来挑战赛。这些比赛的共同点是:车辆在自主行驶时,不允许任何人员乘坐在车内。从一定意义上说,它们实现了真正的无人驾驶,是无人驾驶迅速发展的巨大推力。下面简要介绍美国DARPA比赛和中国智能车未来挑战赛的发展历程。

1. 美国DARPA挑战赛

2004—2007年,美国共举办了3届DARPA无人驾驶挑战赛。DARPA是美国国防部先进研究项目局(Defense Advanced Research Projects Agency)机构名称的缩写,这项赛事初始目的是为了促进在极限环境下无人驾驶车辆技术的发展。参赛队伍汇聚高校、企业和其他组织的研究人员,涉及技术涵盖人工智能、计算机技术、汽车设计等方面。每一届比赛的举办对无人驾驶车辆技术的发展都起到了极大的推动作用。

1) 2004年DARPA挑战赛

第1届DARPA无人驾驶车辆挑战赛于2004年3月在美国莫哈韦沙漠举行。比赛要求参赛车队必须是无人驾驶的自主地面车辆,不允许远程遥控,并对每辆参赛车进行实车跟踪。

第1届赛事共有21支参赛车队,首先在加利福尼亚的高速公路上进行了一英里(1mile≈1609.344m)长的路程自主导航与障碍测试的资格赛。有15支车队进入了决赛,但最后没有一支车队完成整场比赛。所有车队中,行驶最远的是卡内基·梅隆大学的Sandstorm,共完成了11.78km的路程。

第1届比赛结果显示,比赛中一些无人驾驶车辆能够准确进行GPS导航,但未能成功感知前方障碍物;而一些车辆能很好地感知障碍物,但在GPS导航方面有较多困难。它们或在行驶途中受到自身干扰,或检测到虚假障碍物。第1届参赛车辆配备的感知系统都庞大而且昂贵,整车系统不够稳定;但这次比赛是首次实现车辆在无人状态下的避障驾驶,激发了人们对于无人驾驶汽车以及无人驾驶技术的兴趣,提高了无人驾驶领域的创新意识,具有里程碑的意义。

2) 2005年DARPA挑战赛

第2届DARPA挑战赛共有195支队伍申报。其中,43支车队通过审核进入了资格赛。资格赛按所用时间、通过项目数、绕障碍物表现、以及比赛完成程度 4 个方面进行排名上，23 支队伍进入了决赛。在决赛中，有 5 支队伍（Stanley、CMU's Sandstorm、Highlander、Gray Team's Kat-5 和 Oshkosh Truck's Terramax）通过了全部考核项目。

组委会在比赛前 2 个小时发放路网文件，其中包括平均每间隔 72m 一个的 GPS 点。根据路况复杂程度会调整 GPS 点的密集程度。第 2 届 DARPA 挑战赛的越野环境道路比较恶劣，其中包含 3 条狭窄隧道，100 多个急转弯，还有很多陡坡、山路等复杂的路况。

第 2 届参赛车辆依然装备了大量的传感器，但已经有车队采用线控技术来控制参赛车辆。相对于第 1 届赛车来说，这是一个较大的提高。另外，参赛车辆的功能得到了完善，并在稳定性上也有了相对的提高。比赛中比较有代表性的队伍是来自斯坦福大学的 Stanley 以及来自卡内基·梅隆大学的 Sandstorm 和 Highlander。图 1.12 所示为斯坦福大学所制的 2005 年的冠军车辆。

■图 1.12　2005 年的冠军车辆——斯坦福大学的 Stanley

第 2 届 DARPA 挑战赛是无人驾驶汽车雏形基本形成、无人驾驶汽车功能基本完成的标志。虽然车辆所用的传感器数量比较多，价格也都比较昂贵，但这也是研究无人驾驶的必经阶段，从功能实现到降低成本需要一个过程。5 辆无人驾驶汽车能够完成比赛任务，证明了无人驾驶成为现实的可行性。

3) 2007 年 DARPA 挑战赛

2007 年 11 月，DARPA 城市挑战赛在加利福尼亚州一个废弃的空军基地举行。资格赛分为 3 个独立的测试区域：测试 A 区域要求车辆能够安全地并入复杂的双向交通道路；测试 B 区域要求车辆通过长为 2.8 英里的蜿蜒道路；测试 C 区域要求车辆在一系列十字路口地区进行交互协作行驶。最终有 11 支参赛队伍进入总决赛。决赛任务是：参赛车辆在 6h 内完成 96km 的市区城市道路比赛，并要求参赛车辆在与其他车辆相互协调、避障和车辆交汇的同时遵守所有交通规则。在决赛开始之前，这 11 支队伍都获得了路网文件，但直到比赛开始前 5min 才收到任务文件。通过这种方法，迫使车队在没有先验知识的情况下，创建一个真正的自主驾驶测试。同时，为了增加道路车辆的密集度，包括有人驾驶和无人驾驶车辆在内，总共有超过 50 辆汽车行驶在比赛道路中。最终共有 6 支队伍完成了比赛。

与以往比赛相比，这届比赛的提升点在于无人驾驶汽车在检测和避开其他车辆的同时，需要遵守所有交通规则。这对于车辆软件来说是一个特殊挑战，车辆必须根据其他车辆的行动实时做出"智能"决定。

2. 中国智能车未来挑战赛

为研发具有自然环境感知与智能行为决策能力的无人驾驶车辆验证平台，国家自然科学基金委员会启动了"视听觉信息的认知计算"重大研究计划，并决定从 2009 年起，每年举办一届"中国智能车未来挑战赛"作为其研究计划的重要组成部分，旨在推动创新、研发无人驾驶汽车，并通过真实道路环境下的自主行驶来检验研究成果，以促进研发交流及产业化应用。我国无人驾驶技术与国外研发的无人驾驶汽车的主要不同点在于：国外无人驾驶汽车主要依赖 GNSS 信息和电子地图，而参加"中国智能车未来挑战赛"的无人驾驶车辆则更注重展示车辆感知自然环境并自动处理视听觉信息的能力和效率。

第 1 届"中国智能车未来挑战赛"于 2009 年 6 月，在西安举行。这次比赛的参赛队伍包括湖南大学、北京理工大学、上海交通大学、西安交通大学和意大利帕尔玛大学等。比赛要求无人驾驶车辆从起点无碰撞地自主行驶到终点。比赛中设有障碍物，考察无人驾驶车辆在直道行驶时的避障能力；设有交通信号灯，考察无人驾驶车辆识别信号灯的能力，以及红灯停、绿灯行的决策与控制能力。此外，还考察无人驾驶车辆执行 U 形转弯的能力。

第 1 届"中国智能车未来挑战赛"在中国无人驾驶车辆发展史上具有里程碑式的意义。它是中国首次举办的第三方无人驾驶车辆测试赛，打破过去自行研发、自行测试的无人驾驶车辆研究与开发模式，推动中国的无人驾驶车辆"驶出实验室，驶向实际环境"。图 1.13 所示为第三届挑战赛参赛车辆。

▎图 1.13　2011 年第三届挑战赛参赛车辆

"中国智能车未来挑战赛"到 2018 年已经举办了十届，参赛队伍由少到多，车上配置的传感器由多到少，无人驾驶汽车的速度不断提升，功能不断强化，并从试验场地走向了真实道路。从单纯的实验室研究到校企合作，无人驾驶汽车技术取得了长足的发展。虽然制约无人驾驶汽车发展的因素依然存在,但是无人驾驶汽车已经得到越来越多人的认可。无人驾驶汽车的发展已经被各大汽车企业提到了研发日程上。

1.3 自动驾驶概述

1.3.1 定义及分级标准

自动驾驶技术的发展历史虽然不算太短,但主要应用于军用领域或者处于试验论证阶段,直到近几年才在民用领域崭露头角。2013 年,美国交通部下辖的美国国家公路交通安全管理局(NHTSA,National Highway Traffic Safety Administration),率先发布了自动驾驶汽车的分级标准,其对自动化的描述共有 4 个级别。

(1)具有特定功能的自动驾驶:该层次汽车具有一个或多个特殊自动控制功能,例如电子稳定性控制(ESC)、自动紧急制动(AEB)等,车辆通过控制制动帮助驾驶员重新掌控车辆或是更快速地停车。

(2)具有复合功能的自动驾驶:该层次汽车具有将至少两个原始控制功能融合在一起实现的系统(如自适应巡航控制与车道保持融合一体),完全不需要驾驶员对这些功能进行控制,但驾驶员需要一直对系统进行监视并准备在紧急情况时接管系统。

(3)具有限制条件的无人驾驶:该层次汽车能够在某个特定的驾驶交通环境下让驾驶员完全不用控制汽车,而且可以自动检测环境的变化以判断是否返回驾驶员驾驶模式,驾驶员无须一直对系统进行监视,可称之为"半自动驾驶"。目前,谷歌无人驾驶汽车基本处于这个层次。

(4)全工况无人驾驶:该层次系统完全自动控制车辆,全程检测交通环境,能够实现所有的驾驶目标,乘车人只需提供目的地或者输入导航信息,在任何时候都不需要乘员对车辆进行操控,可称之为"全自动驾驶"或者"无人驾驶"。只要输入出发地和目的地,其后责任完全交给车辆端。

图 1.14 所示为 NHTSA 自动驾驶分级定义。

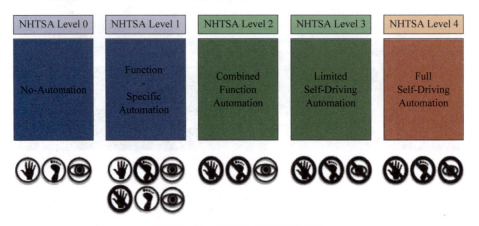

图 1.14 NHTSA 自动驾驶分级

一年后,也就是 2014 年,SAE(SAE International,Society of Automotive Engineers 国际自动机工程师学会,原译为美国汽车工程师学会)也制定了一套自动驾驶汽车分级标准 SAE J3016《标准道路机动车驾驶自动化系统分类与定义》,其对自动化的描述分为 5 个等级。

(1)驾驶支援:通过驾驶环境对方向盘和加减速中的一项操作提供驾驶支持,其他的驾驶动作都由人类驾驶员进行操作。

(2)部分自动化:通过驾驶环境对方向盘和加减速中的多项操作提供驾驶支持,其他的驾驶动作都由人类驾驶员进行操作。

(3)有条件自动化:由自动驾驶系统完成所有的驾驶操作。根据系统要求,人类驾驶员提供适当的应答。

(4)高度自动化:由自动驾驶系统完成所有的驾驶操作。根据系统要求,人类驾驶员不一定需要对所有的系统请求做出应答,车辆需行驶在限定道路和环境条件下。

(5)完全自动化:在所有人类驾驶员可以应付的道路和环境条件下,均可以由自动驾驶系统自主完成所有的驾驶操作。

图 1.15 所示为 SAE 驾驶自动化水平综述(2014 年版)。

SAE level	SAE name	SAE narrative definition	Execution of steering and acceleration/ deceleration	Monitoring of driving environment	Fallback performance of *dynamic driving task*	System capability (*driving modes*)	BASt level	NHTSA level
Human driver monitors the driving environment									
0	No Automation	the full-time performance by the *human driver* of all aspects of the *dynamic driving task*, even when enhanced by warning or intervention systems	Human driver	Human driver	Human driver	n/a	Driver only	0
1	Driver Assistance	the *driving mode*-specific execution by a driver assistance system of either steering or acceleration/deceleration using information about the driving environment and with the expectation that the *human driver* perform all remaining aspects of the *dynamic driving task*	Human driver and system	Human driver	Human driver	Some driving modes	Assisted	1
2	Partial Automation	the *driving mode*-specific execution by one or more driver assistance systems of both steering and acceleration/deceleration using information about the driving environment and with the expectation that the *human driver* perform all remaining aspects of the *dynamic driving task*	**System**	Human driver	Human driver	Some driving modes	Partially automated	2
Automated driving system ("system") monitors the driving environment									
3	Conditional Automation	the *driving mode*-specific performance by an *automated driving system* of all aspects of the *dynamic driving task* with the expectation that the *human driver* will respond appropriately to a *request to intervene*	System	**System**	Human driver	Some driving modes	Highly automated	3
4	High Automation	the *driving mode*-specific performance by an *automated driving system* of all aspects of the *dynamic driving task*, even if a *human driver* does not respond appropriately to a *request to intervene*	System	System	**System**	Some driving modes	Fully automated	3/4
5	Full Automation	the full-time perfomance by an *automated driving system* of all aspects of the *dynamic driving task* under all roadway and environmental conditions that can be managed by a *human driver*	System	System	System	**All driving modes**		

■ 图 1.15 SAE 驾驶自动化水平综述(2014)

在对自动驾驶汽车的描述上，虽然两个标准中所使用的语言略有差别，但 NHTSA 和 SAE 均采用了相同的分级体系。NHTSA 提供了 0 级的非自动驾驶和一共 4 级的自动驾驶分级，SAE 也有 0 级，但给出了 5 个自动驾驶评级。

两种分级标准拥有一个共同之处，即自动驾驶汽车和非自动驾驶汽车之间存在一个临界点：汽车自身能否控制一些关键的驾驶功能，例如转向、加速和制动。

但二者也存在一些差异，例如，最新版 SAE 标准重点强调"动态驾驶任务"这一概念，它包含了非决策性的驾驶操控行为：制动、转向、加速和变道等。在 SAE 的标准中，第 2 阶段及以下，"动态驾驶任务"中的部分任务仍需要人类驾驶员执行。在第 3 阶段，汽车可以在特定情况下，执行所有这些任务。

NHTSA 的标准与 SAE 在某种程度上比较相似，但用语更加简单，没有进行过多的详细说明。相比之下，SAE 的说明更加具体，同时也参考了不同公司在自动驾驶研究上的发展趋势。

通常来说，自动驾驶汽车指的是那些可以在没有人类驾驶员帮助的情况下，感知外界环境、完成驾驶任务的汽车。但是包括政策、软件和自动驾驶设计领域的专业人员都表示，自动驾驶汽车定义上一个微小的差异都会为技术的研发带来很大的阻碍。众多标准的同时存在加大了普通消费者对自动驾驶汽车的理解难度，同时也不利于自动驾驶技术的监管。

由于自动驾驶定义和分级标准的不确定，部分汽车制造商在自动驾驶技术的宣传上投机取巧。类似的行为给自动驾驶的发展带来了不利的影响，但作为未来交通的趋势，自动驾驶汽车有减少因为交通事故而造成人类伤亡的巨大潜力。于是，在对自动驾驶技术一直持支持态度的奥巴马政府的推动下，美国交通部在 2016 年 9 月 20 号发布了针对自动驾驶汽车的首项联邦指导方针。这项旨在引导自动驾驶技术进步、促进自动驾驶汽车合理布局的政策抛弃了 NHTSA 之前提出的分级标准，宣布将采用在世界范围应用更加广泛的 SAE 分级标准。

1.3.2　SAE J3016 的自动驾驶级别划分

美国交通部之所以选择 SAE 的分级标准，主要是考虑 SAE 对分级的说明更加详细、描述更为严谨，且更好地预见到了自动驾驶汽车的发展趋势。虽然如此，SAE 标准也有自己的不足之处。在 2014 年公布以后，SAE J3016 分别于 2016 年 9 月、2018 年 6 月进行了两次更新。

2016 年 9 月的更新版本保留了原来各级别的命名、编号、功能差异以及起辅助作用的相关术语。同时也做出了多项优化：明确了自动驾驶分类标准的适用范围（解释了何种情况下汽车适用于这一分类、何种情况下不适用）；区分低级别的标尺更加合理和明确；对现有辅助性术语及其定义进行了优化，并添加了部分新的术语；全文中增添了更多有关原理的阐述、例子和文字说明。

时隔两年，SAE 再次对机动车驾驶自动化系统分类与定义重新修订。2018 年最新修订版 SAE J3016 进一步细化了每个分级的描述，并强调了防撞功能。在这个 SAE 最新版本的标准中，引入了"动态驾驶任务"这个概念，并依据动态驾驶任务的执行者和具体内容来定义自动驾驶所处的级别，并认为驾驶中有 3 个主要的参与者：用户、驾驶自动化系统以及其他车辆系统和组件。每个参与者的定义并不基于实际情况，也就是说，即使驾驶员在辅助驾驶期间走神,他仍然是属于用户的级别;系统在条件自动驾驶期间出现故障不能正常行驶,它也仍然属于 L3 驾驶自动化系统。

SAE 官方表示:SAE 对支持部分或全部动态驾驶任务(Dynamic Driving Task,DDT)的机动车驾驶自动化系统进行了多次描述,为汽车行业提供了一个分类标准,其中包含 6 个级别的驾驶自动化的详细定义,从无驱动自动化(L0 级)到全驱动自动化(L5 级)及其在道路上的操作。

这些级别的定义以及此处提供的附加支持条款可用于以功能的一致或者一致的方式来描述汽车上配备的自动化功能。该等级适用于在装配车辆在任何给定路况的操作情况下进行的自动驾驶。因此,虽然给定的车辆可以配备或能够提供在不同级别下执行的驾驶自动化系统,但在任何给定情况下展现出来的自动驾驶化的水平由(一个或多个)相应的技术状态和参数特征来决定。

该标准中的驾驶自动化水平通过参考以上三个主要角色,并通过执行 DDT 或撤回 DDT 来定义。这种情况是基于驾驶自动化系统的设计,而不一定是特定主要参与者的实际表现。例如,在接触一级自适应巡航控制(ACC)系统期间,如果驾驶员没有监控道路,或即使在他忽视驾驶的情况下,他仍然充当着驾驶员的角色。

值得注意的是,在本次 SAE 版本中,诸如电子稳定控制和自动紧急制动等主动安全系统,以及其他某些类型的驾驶员辅助系统(如车道保持辅助系统等),这些不在此次驾驶自动化分类标准的范围之内。原因是它们并不是部分或全部动态驾驶任务(DDT)的持久基础,它们仅在特殊情况下针对潜在的危险情况提供暂时性的短暂干预。正是由于这种暂时性,由于主动安全系统动作的瞬时特性,其干预措施不会改变或消除驾驶员或自动驾驶程序正在执行的部分或全部的动态驾驶任务(DDT),因此不被视为自动驾驶。

另外,SAE 还提到另一个值得注意的观点:包括干预型主动安全系统在内的防撞功能可以包含在配备有任何级别的行驶自动化系统的车辆中。对于执行完整 DDT 的自动驾驶系统(ADS)功能(即 L3~L5 级别),防撞功能是自动驾驶系统(ADS)功能的一部分。

SAE International 关于自动化层级的定义已经成为自动化/自动驾驶车辆的全球行业参照标准,用以评定自动驾驶技术级别,其具体定义如图 1.16 所示。

L0:驾驶员完全掌控车辆。

L1:自动系统有时能够辅助驾驶员完成某些驾驶任务。

L2:自动系统能够完成某些驾驶任务,但驾驶员需要监控驾驶环境,完成剩余部分,同时保证出现问题时,随时进行接管。在这个层级,自动系统的错误感知和判断由驾驶员随时纠正。大多数车企都能提供这个级别的自动系统。L2 可以通过速度和环境分割成不同的使用场景,如环路低速堵车、高速公路上的快速行车和驾驶员在车内的自动泊车。

L3:自动系统既能完成某些驾驶任务,也能在某些情况下监控驾驶环境,但驾驶员必须准备好重新取得驾驶控制权(自动系统发出请求时)。所以在该层级下,驾驶员仍无法进行睡觉或者深度的休息。在 L2 完成以后,车企的研究领域从这里开始延伸。

L4:自动系统在某些环境和特定条件下,能够完成驾驶任务并监控驾驶环境。在这个阶段,在自动驾驶可以运行的范围内,驾驶相关的所有任务和驾乘人已经没关系了,感知外界的责任全在自动驾驶系统。

L5:自动系统在所有条件下都能完成所有驾驶任务。

Level	Name	Narrative definition	DDT Sustained lateral and longitudinal vehicle motion control	OEDR	DDT fallback	ODD
Driver performs part or all of the *DDT*						
0	No Driving Automation	The performance by the *driver* of the entire *DDT*, even when enhanced by *active safety systems*.	*Driver*	*Driver*	*Driver*	n/a
1	Driver Assistance	The *sustained* and ODD-specific execution by a *driving automation system* of either the *lateral* or the *longitudinal vehicle motion control* subtask of the DDT (but not both simultaneously) with the expectation that the *driver* performs the remainder of the *DDT*.	*Driver* and *System*	*Driver*	*Driver*	Limited
2	Partial Driving Automation	The *sustained* and ODD-specific execution by a *driving automation system* of both the *lateral and longitudinal vehicle motion control* subtasks of the *DDT* with the expectation that the *driver* completes the OEDR subtask and *supervises* the *driving automation system*.	*System*	*Driver*	*Driver*	Limited
ADS ("*System*") *performs the entire* **DDT** (*while engaged*)						
3	Conditional Driving Automation	The *sustained* and ODD-specific performance by an ADS of the entire DDT with the expectation that the *DDT fallback-ready user* is *receptive* to ADS-issued *requests to intervene*, as well as to DDT *performance-relevant system failures* in other *vehicle* systems, and will respond appropriately.	*System*	*System*	Fallback-ready user (becomes the driver during fallback)	Limited
4	High Driving Automation	The *sustained* and ODD-specific performance by an ADS of the entire *DDT* and *DDT fallback* without any expectation that a *user* will respond to a *request to intervene*.	*System*	*System*	*System*	Limited
5	Full Driving Automation	The *sustained* and unconditional (i.e., not ODD-specific) performance by an ADS of the entire *DDT* and *DDT fallback* without any *expectation* that a *user* will respond to a *request to intervene*.	*System*	*System*	System	**Unlimited**

■ 图 1.16　SAE J3016 驾驶自动化水平综述（2018）[5]

目前一部分汽车已经通过驾驶辅助系统实现了 L1 或 L2 级别的自动驾驶功能，包括车道保持辅助、自动泊车辅助、制动辅助、倒车辅助和行车辅助。

汽车车道保持辅助系统的主要功能是，当汽车在行驶过程中偏离车道时，系统会首先向驾驶员发出预警信号。如果在一段时间内驾驶员没有做出相应反应，汽车没有回到正常车道行驶的趋势，车道保持辅助系统就会通过电子控制单元向车辆的转向执行器发出相应的转向命令，以纠正车辆的行驶状态，使汽车回到正确的车道上，从而保证行车安全。

图 1.17 为汽车车道保持辅助系统工作原理图。

自动泊车辅助系统是辅助驾驶员进行泊车行为的智能辅助系统，它可以有效解决驾驶员遇到的泊车难题，改善静态交通状态。目前自动泊车辅助系统的关键技术主要有车位空间识别技术、路径规划与轨迹跟踪控制技术、EPS 转角控制技术。

制动辅助系统包括电子制动辅助系统（Electronic Brake Assist, EBA）和制动力辅助系统（Brake Assist System, BAS），能够通过判断驾驶员的制动动作（力量及速度），在紧急制动时增加制动力度，从而将制动距离缩短。

倒车辅助系统以图像、声音的直观形式告知驾驶员车与障碍物的相对位置，解除因后视镜存在盲区带来的困扰，从而为驾驶员倒车泊车提供方便，消除安全隐患。按传感器不同，倒车辅助系统可分为红外线式、电磁感应式、超声波式和超声波与机器视觉配合式 4 种。

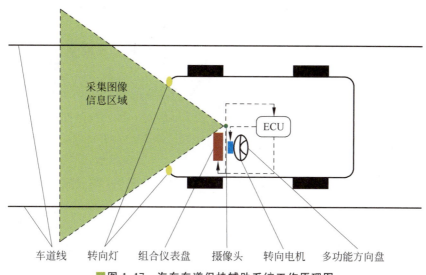

图 1.17 汽车车道保持辅助系统工作原理图

行车辅助系统可以让驾驶员在驾车过程中更安全。行车辅助系统的范围很广，其中包括行车警报类，例如车道偏离预警、盲点探测、前车碰撞预警、驾驶员疲劳监测等和行车控制类功能，例如 ACC 自适应巡航、交通拥堵辅助等。

而对于常说的自动驾驶系统(ADS)，通常是在 L3~L5 层级；随着层级的提高，对系统的要求也随之提高。由于目前自动驾驶的分级，特别是 L3 和 L4 处在还没有大规模在实际生活中应用的阶段，人们对待这个需求就存在一些认知上的争议。在这一标准中，SAE 给出一些定义和分析，用于 L3~L5 层级的描述。

分类方法：以动态驾驶任务(DDT)、DDT 的任务支援和设计运行范围来区分。

DDT(Dynamic Driving Task)：动态驾驶任务，指汽车在道路上行驶所需的所有实时操作和策略上的功能(决策类的行为)，不包括行程安排、目的地和途径地的选择等战略上的功能。

车辆执行：包括通过方向盘来对车辆进行横向运动操作、通过加速和减速来控制车辆的纵向运动。

感知和判断(OEDR，Object and Event Detection and Response，也称为周边监控)：对车辆纵向运动方向操作、通过对物体和事件检测、认知归类和后续响应，达到对车辆周围环境的监测和执行对应操作、车辆运动的规划以及对外界信息的传递。

动态驾驶任务支援(DDT Fallback)：自动驾驶系统在设计时候，需要考虑系统性的失效(导致系统不工作的故障)发生或者出现超过系统原有的运行设计范围之外的情况，当这两者发生的时候，需给出最小化风险的解决路径。

设计运行域(Operational Design Domain，ODD，也有称为设计适用域或者设计运行范围)：一组参数，指自动驾驶系统被设计起作用的条件及适用范围，对已知的天气环境、道路情况(直路、弯路的半径)、车速、车流量等信息做出测定，以确保系统能力在安全环境之内。

综合以上定义和分析，自动驾驶系统(ADS)的 L3~L5 层级的定义可以参考下面内容。

L3：有条件的自动化，要求在限定的 ODD 内能够完成所有的 DDT，但是要求驾驶员时刻准备应对，无人驾驶系统在系统失效或者超出 ODD 范围时发出的需求驾驶员介入的请求。但是标准中也要求系统能够在发出驾驶员介入请求后到驾驶员介入前能够继续控制汽车几秒钟的时间。

L4：高度自动化，要求系统在ODD内不仅能完成DDT，还要能够应对系统失效，无需驾驶员介入。

L5：完全自动化，全工况无人驾驶，无须定义ODD，能够完成所有的DDT以及处理DDT Fallback。

1.3.3　中国智能汽车等级划分

在《中国制造2025》中，我国将智能网联汽车分为DA、PA、HA、FA共计4个级别。完全手动驾驶没有计入其中。总体看来，分级如下。

1）手动驾驶（MD）

顾名思义就是最普通的手动驾驶汽车。

2）驾驶辅助（DA）

一项或者多项局部自动功能，例如ESC、ACC、AEB等，并能提供基于网联的智能信息提示。

3）半自动化（PA）

在驾驶员短时间转移注意力仍可保持控制，失去控制10s以上予以提醒，并能提供基于网联的智能引导信息。

4）高度自动化（HA）

在高速公路和市区内部均可自动驾驶，偶尔需要驾驶员接管，但是有充分的移交时间，并能提供基于网联的智能控制信息。

5）完全自动化（FA）

驾驶权完全交给车辆，这种自动化水平允许驾驶员从事计算机工作，休息和睡眠等其他活动。

同时，《中国制造2025》也提出了智能网联汽车产业的发展目标：到2020年，初步形成以企业为主体、市场为导向、政产学研用紧密结合、跨产业协同发展的智能网联汽车自主创新体系。汽车信息化产品自主份额达50%，DA、PA整车自主份额超过40%。到2025年，基本建成自主的智能网联汽车产业链与智慧交通体系，汽车信息化产品自主份额达60%，DA、PA、HA整车自主份额达50%以上，实现汽车全生命周期的数字化、网络化、智能化，初步完成汽车产业转型升级。

1.4　自动驾驶技术与行业发展现状

1.4.1　技术发展现状

自动驾驶是一个复杂的软硬件结合的系统，主要分为感知定位、决策规划、控制执行三大技术模块。感知模块主要是通过摄像头、雷达等高精度传感器，为自动驾驶提供环境信息；决策模块是依据感知系统提供的车辆定位和周边环境数据，在平台中根据适当的模型进行路径规划等决策；控制模块是以自适应控制和协同控制方式，驱动车辆执行相应命令动作。

图 1.18 所示为典型自动驾驶系统架构框图。

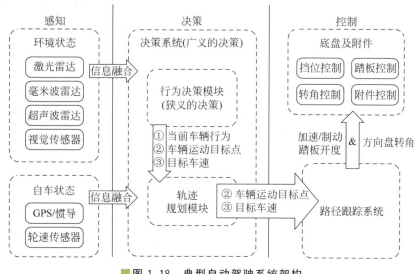

■图 1.18　典型自动驾驶系统架构

1. 感知定位

环境感知与识别能力是自动驾驶车辆安全、自主、可靠行驶的前提和基础。自动驾驶车辆的环境感知系统利用各种主动、被动传感器获取周围环境的信息，对传感器数据进行处理、融合、理解，实现无人车辆对行驶环境中的障碍物、车道线以及红绿灯等的检测，给车辆的自主导航和路径规划提供依据。

图 1.19 所示为博世公司的自动驾驶传感器布置图。

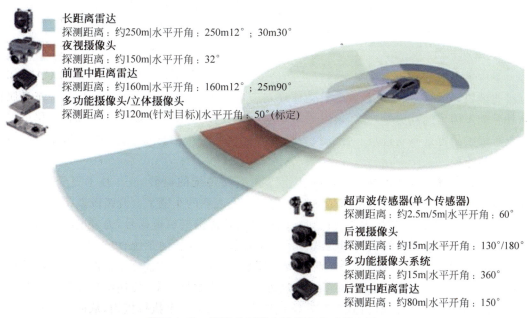

■图 1.19　博世公司的自动驾驶传感器布置

环境感知与识别系统一般包括传感器、传感器数据处理以及多传感器数据融合三个子系统。传感器系统通常采用摄像机、激光雷达、超声传感器、毫米波雷达、全球导航卫星系统（Global Navigation Satellite System，GNSS）、里程计以及磁罗盘等多种车载传感器来感知环境。视觉传感器包括单目和多目彩色摄像机，距离探测设备包括声呐、毫米波雷达和激光雷达等。其中，激光雷达和毫米波雷达能够测得目标的相对速度，获得三维点云数据；里程计和惯性传感器能够估计车辆的运动。

2. 决策规划

自动驾驶作为一个复杂的软硬件综合系统，其安全可靠运行需要车载硬件、传感器集成、感知、决策以及控制等多个模块的协同配合工作。环境感知和决策规划的紧密配合非常重要。这里的决策规划在广义上可以划分成无人车路由寻径、行为决策、动作规划等几个部分。

路由寻径的作用在简单意义上可以理解为，实现无人车软件系统内部的导航功能，即在宏观层面上指导无人车软件系统的规划控制模块按照什么样的道路行驶，从而实现从起始地到目的地。值得注意的是，路由寻径虽然在一定程度上类似传统的导航，但其细节上紧密依赖专门为无人车导航绘制的高精地图，和传统的导航有本质不同。

路由寻径模块产生的路径信息，直接被下游的行为决策模块所使用。行为决策接收路由寻径的结果，同时也接收感知预测和地图信息。综合这些输入信息，行为决策模块在宏观上决定了无人车如何行驶。这些行为层面的决策包括在道路上的正常跟车，在遇到交通信号灯和行人时的等待避让，以及在路口和其他车辆的交互通过等。

无人车的动作规划问题是整个机器人动作规划领域里相对简单的一个问题，因为车辆的轨迹附于一个二维平面。车辆在方向盘、加速踏板的操控下，其行驶轨迹的物理模型相对于普通的机器人姿态的3D动作轨迹要容易处理。车辆的实际运行轨迹总是呈现出平滑的类似螺旋线的曲线簇的属性，因此轨迹规划这一层面需要解决的问题往往可以非常好地抽象成一个在二维平面上的时空曲线优化问题。

3. 控制执行

架构最下层的模块是控制执行模块。这是一个直接和无人车底层控制接口CAN BUS对接的模块，其核心任务是接收上层动作规划模块的输出轨迹点，通过一系列结合车身属性和外界物理因素的动力学计算，转换成对车辆加速、制动的控制，以及方向盘信号，尽可能地控制车辆去执行这些轨迹点。控制执行模块主要涉及对车辆自身控制，以及和外界物理环境交互的建模。

对于自动驾驶中的控制执行，线控技术显然要比传统的机械、液压技术更受青睐，目前较为成熟的自动驾驶车辆基本都是在线控应用高度成熟的车辆平台升级改造出来的。从概念上说，汽车线控技术是将驾驶员的操纵动作经过传感器变成电信号，通过电缆直接传输到执行机构的一种控制系统。汽车的线控系统主要包含线控转向系统、线控加速系统、线控制动系统、线控悬架系统、线控换挡系统以及线控增压系统等。通过分布在汽车各处的传感器实时获取驾驶员的操作意图和汽车行驶过程中的各种参数信息，传递给控制器；控制器对这些信息进行分析和处理，得到合适的控制参数并传递给各个执行机构，从而实现对汽车的控制，提高车辆的转向性、动力性、制动性和平顺性。

但目前,关于自动驾驶执行控制技术的公开资料较少,主要原因是这部分掌握在主流供应商和主机厂手中的技术都被垄断。目前汽车配件供应商提供的执行控制产品都会做成一个黑盒子,控制协议基本付费公开。控制接口的开放程度直接影响汽车操控的可调程度。

1.4.2 行业代表

自动驾驶作为目前的热门技术,直接催生了一个行业。各国各企业都在大力发展自动驾驶技术,主要有两条技术路线:一条是以谷歌、百度等互联网软件企业为主要代表,依靠高精度地图开发软件算法,搭建自动驾驶平台,以开源或其他方式向合作整车厂提供完整技术链,目标直指 L4 甚至 L5 的技术路线;另一条是以特斯拉、奥迪等整车厂为主要代表,将成熟产品推向市场,从 L1、L2 逐步向上攀升,慢慢迭代至无人驾驶的技术路线。下面分别介绍这几家企业的技术发展现状。

1. 谷歌 Waymo

谷歌主张直接以"机器人系统"为核心的全自动无人驾驶汽车作为开发目标,研究无人驾驶汽车的外部环境感知、检测、判断和控制算法。

2009 年谷歌启动无人驾驶汽车项目,并将丰田普锐斯改造成谷歌第一代无人驾驶车,如图 1.20 所示。该车采用 64 束激光雷达,突出地图优势,并在加州山景城进行了路测。

■ 图 1.20 第一代谷歌无人驾驶汽车

2011 年,谷歌将丰田雷克萨斯 RX450HSUV 改装成第二代无人驾驶汽车,如图 1.21 所示。相对第一代无人驾驶汽车,第二代无人车加强环境感知技术,并通过收购知名企业,进一步增强自身的图像识别能力,提高深度学习水平,并拓展车联网应用。

2012 年,谷歌获得美国内华达州的无人驾驶汽车上路测试牌照,并将这张红色牌照贴在一辆改装的丰田普锐斯上,在内华达州首府卡森城完成首秀。

2014 年 4 月,谷歌官方微博对无人驾驶汽车项目的信息进行更新,宣布谷歌无人车可以应对数千座城市的道路交通,这是自 2012 年以来第一次正式的更新。5 月,谷歌发布了第三代无人驾驶汽车(图 1.22),这款车是谷歌自主研发的纯电动自动驾驶汽车。谷歌借鉴

图 1.21　第二代谷歌无人驾驶汽车

PodCar 原型,推出了自主设计和研发的无人驾驶汽车原型。这款车整合谷歌地图和云服务等优势资源,增强人机交互体验,更加关注行人安全。这款车没有传统意义上的制动器、方向盘和加速踏板,最高速度设置为每小时 25mile,计划生产 100～200 辆。一年后,谷歌在山景城对其进行路测。

图 1.22　第三代谷歌无人驾驶汽车[8]

2016 年 5 月,谷歌宣布和菲亚特-克莱斯勒汽车公司(FCA)合作,FCA 为谷歌生产了 100 辆 Pacifica 混合动力厢式旅行车(MPV)。车上装备了整套传感器、远程信息处理和计算单元等系统,这是谷歌首次与汽车厂商展开官方合作。10 月份,搭载全新自动驾驶系统的测试车在美国多地的极端天气条件下进行了测试。

2016 年 12 月 14 日,谷歌宣布成立无人驾驶公司 Waymo,并展示了由 Pacifica MPV 改造的自动驾驶概念车(图 1.23)。该车车顶安装了雷达和摄像头套件,车前翼板子和前后保险杠都装有传感器。

■图1.23 利用MPV改造的自动驾驶概念车[8]

2016年12月22日,本田和谷歌公司宣布将共同研发完全自动驾驶技术,本田将为Waymo提供开放车辆控制权限用于自动驾驶开发的改装车辆,并将这些车辆加入到Waymo公司的路测车队中。

截至2017年底,谷歌公司的无人驾驶汽车测试里程已经达到141.3万mile(约等于227.4万km),而根据2016年的测试报告显示,谷歌Waymo的每千英里人为干预次数仅为0.18次,相当于约9000km才需要人为干预一次,排在第二名的通用Cruise为0.84次。

2017年11月24日,谷歌Waymo正式对外宣布,其实现了真正的完全无人驾驶,并向加州政府申请完全无人驾驶路测资格,未来谷歌汽车上路测试将不再需要配备安全员。

2018年1月底,谷歌Waymo已经从美国亚利桑那州交通部门拿到了正式的无人驾驶商用许可,并于2018年底正式推出其无人驾驶打车服务。这项服务的名称被命名为Waymo One。Waymo在美国亚利桑那州凤凰城正式向公众开放这项服务,并且向用户介绍了其使用方法。

谷歌无人驾驶汽车的感知核心是位于车顶的旋转式激光雷达,该设备可以发出64道激光光束,能够计算出200m以内物体的距离,得到精确的3D地图数据。自动驾驶汽车会将激光雷达测得的数据和高精地图相结合,生成反映周边环境的数据模型。安装在前挡风玻璃的摄像头可以用于近景观察,帮助自动驾驶汽车识别前方的人和车等障碍物,记录行程中的道路情况和交通信号的标志,最后通过相应算法对信息进行综合和分析。轮胎上的感应器可以保证汽车在确定轨道内行驶;倒车时,还能快速测算出后方障碍物的距离,实现安全停车。汽车前后保险杠内安装有4个雷达元件,可以保证汽车在道路上保持2~4s的安全反应距离,并根据车速变化进行距离调整,最大程度保证乘客的安全。

2. 百度Apollo

从2015年开始,百度大规模投入无人车技术研发。同年12月即在北京进行了高速公路和城市道路的全自动驾驶测试;2016年9月获得美国加州自动驾驶路测牌照;同年11月在浙江乌镇开展普通开放道路的无人车试运营。

2017年4月19日,百度发布"Apollo(阿波罗)"平台,计划向汽车行业及自动驾驶领域的合作伙伴提供一个开源的自动驾驶方案,帮助他们结合车辆和硬件系统,快速搭建一套完整的自动驾驶系统。而将这个计划命名为"Apollo"计划,就是借用了阿波罗登月计划的含义。

百度开放的阿波罗平台是一套完整的软硬件和服务系统,包括车辆平台、硬件平台、软件平台、云端数据服务等4大部分。同期开放的还有环境感知、路径规划、车辆控制、车载操作系统等功能的代码或能力,并且提供完整的开发测试工具;并在车辆和传感器等领域选择协同度和兼容性最好的合作伙伴,推荐给接入阿波罗平台的第三方合作伙伴使用,进一步降低无人车的研发门槛。

图1.24所示为Apollo试验车。

■ 图1.24 "Apollo"试验车

Apollo的核心是人工智能技术,这是搭建该平台的主要支柱。Apollo计划用两种形式开放自动驾驶能力:一是开放代码,二是开放能力。开放能力主要基于API或者是SDK,通过标准公开的方式获取百度提供的能力;开放代码跟一般开源软件一样,代码公开,开发者可以在遵守开源协议的前提下自由使用,并可参与一起开发。

2018年7月4日,在2018 AI开发者大会上,百度正式发布自动驾驶车辆量产方案,包含自主泊车(Valet Parking)、无人作业小车(MicroCar)、自动接驳巴士(MiniBus)三套自动驾驶解决方案。图1.25即为百度和厦门金龙客车联合开发的自动接驳小巴——"阿波龙"。

无人作业小车新石器AX1也已实现量产,在雄安、常州两地实地运营。"阿波龙"在四个城市、五大场景启动常态化运营,并获得国家客车质检中心重庆测试场安全认证。Apollo 3.0还带来了量产智能车联网系统解决方案——小度车载OS,并首次发布车载语义开放平台。

Apollo还带来了更多样化的智能仿真手段,推出真实环境AR仿真系统,能提供虚拟交通流结合实景渲染的仿真解决方案,帮助开发者实现相对真实的仿真测试。

3. 特斯拉

特斯拉(Tesla)是美国的一家电动车及能源公司,产销电动车、太阳能板及储能设备。

■ 图 1.25 已经量产的"阿波龙"

公司创立于 2003 年,后改名为"特斯拉汽车(Tesla Motors)",以纪念物理学家尼古拉·特斯拉(Nikola Tesla)。创始人是著名的硅谷"钢铁侠"——埃隆·马斯克(Elon Musk)。

特斯拉第一款汽车产品 Roadster 发布于 2008 年,为一款两门运动型跑车;2012 年,特斯拉发布了其第二款汽车产品——Model S,一款四门纯电动豪华轿跑车;第三款汽车产品为 Model X,豪华纯电动 SUV,于 2015 年 9 月开始交付;第四款汽车产品为 Model 3,首次公开于 2016 年 3 月,已经陆续开始交付。

2015 年,特斯拉正式启用驾驶辅助系统 AutoPilot,并开始利用影子模式(shadow-mode)功能收集大量真实的路况数据。2016 年特斯拉发布 AutoPilot 2.0,称其可以实现常见道路的全自动驾驶,并且包括 Model 3 车型都可以搭载,如图 1.26 所示。

特斯拉太过"激进",其宣传的自动驾驶功能在 SAE 的分级中只能达到 L2 级别的标准,并非其所宣称的全自动驾驶。2016 年 5 月的一个周四,史上第一起由自动驾驶技术引发的血案发生了。驾驶员 Joshua Brown 驾驶特斯拉 Model S,从侧面撞上了一辆 18 轮大型货车,致驾驶员当场死亡。事故发生后,特斯拉被指责其自动驾驶功能"越过了安全的底线",那只是辅助驾驶功能,是特斯拉自己夸大其词,用自动驾驶来博取消费者眼球。

特斯拉的"激进"因此有所滞缓,他们把其中文官网对于 AutoPilot 的中文翻译由"自动驾驶"改成"自动辅助驾驶"。在 2018 年度的 Navigant 自动驾驶报告中[9],特斯拉在众多企业中排名垫底。在 strategy 策略维度(横轴),特斯拉排在 contender(竞争者)级别,而在 execution 执行力维度(纵轴),则是全场最低。

2018 年 3 月 3 日,一辆处于 AutoPilot 状态的特斯拉汽车在硅谷撞上了高速护栏,车主不幸身亡。特斯拉的 AutoPilot 系统仍然属于辅助驾驶,与谷歌 Waymo 所研发的完全无人驾驶不属于同一级别。

4. 奥迪

作为老牌德国车企,奥迪汽车不想错过自动驾驶的大潮。2017 年 7 月 11 日,奥迪在其全球品牌峰会上推出新一代奥迪 A8/A8L,这款新车拥有自动驾驶系统,奥迪宣称其超越特

图 1.26 特斯拉的 AutoPilot 系统

斯拉 AutoPilot 并达到 L3 级。这是全球第一款宣布达到 Level 3 级别的自动驾驶量产车，如图 1.27 所示。

图 1.27 新 A8/A8L

奥迪 A8 上配备了 4 颗鱼眼摄像头、12 颗超声波雷达、4 颗中距离毫米波雷达、1 颗长距离毫米波雷达、1 颗激光雷达、1 颗前视摄像头。其中，4 颗鱼眼摄像头用于 360°环视系统，12 个超声波雷达用于自动泊车系统；而车辆在行驶过程中的数据采集，由其他传感器来完成。

奥迪研发的自动驾驶系统被命名为 Traffic Jam Assist，可在车速 60km/h 以下时启用，并能够在驾驶员完全不干涉的情况下发挥作用。这套系统配备了显示屏,可提示车辆的实时驾驶模式。因为奥迪在与航空航天专家的合作及研发过程中发现,绝大多数飞机的自动驾驶事故均是由飞行员不清楚飞机的驾驶模式而导致的悲剧。

目前,类似特斯拉的 Autopilot 系统等都属于 L2 级自动驾驶,或被称为半自动驾驶系统。奥迪 A8 所配备的 L3 级自动驾驶功能可以使驾驶员在拥堵的公路上,将车速限制在 60km/h 以内启动自动驾驶功能,然后就可以在车上阅读、浏览资讯或者回复邮件。

除了 A8 这款量产车外,在 2017 年法兰克福汽车展的大众之夜上,奥迪带来了另一款新车型——概念车 Audi Aicon,如图 1.28 所示。

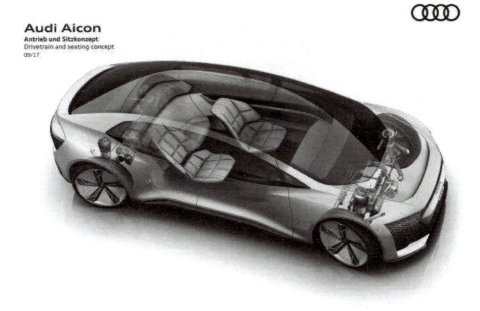

图 1.28 Audi Aicon

这是一款具备人工智能的无人驾驶汽车。Aicon 没有方向盘,没有加速踏板,全车通过多组摄像头来感知车辆运行环境并通过自动驾驶系统控制车辆行驶。座椅采用"2+2"的对置座椅布局,内置人工智能可以提供具有偏好的个性化问题的解决方案。

重要的是,Aicon 具备 L5 级别的自动驾驶能力,驾驶员完全不需要介入驾驶。通过遍布座舱四周的大型触控屏幕,驾驶员可输入目的地信息、了解路况资讯、观赏串流影音并可在互联网上"冲浪",所有的驾驶行为都由车辆自主完成。

这是一辆概念车,能否量产需要打个问号。但至少,人们对未来的自动驾驶汽车有了更具体的幻想。

参考文献

[1] 李昕光.汽车概论[M].北京:人民交通出版社,2017:2-7.
[2] 罗艳托,汤湘华.全球电动汽车发展现状及未来趋势[J].国际石油经济,2018,26(07):58-64.
[3] 吴忠泽.智能汽车发展的现状与挑战[J].时代汽车,2015(07):42-45.

[4] 陈慧岩等. 无人驾驶汽车概论[M]. 北京：北京理工大学出版社，2014：4-10.
[5] SAE J3016, Taxonomy and Definitions for Terms Related to Driving Automation Systems for On-Road Motor Vehicles[S]. 2018.
[6] 宫慧琪,牛芳. 自动驾驶关键技术与产业发展态势研究[J]. 信息通信技术与政策,2018(08)：45-50.
[7] 陈晓博. 发展自动驾驶汽车的挑战和前景展望[J]. 综合运输,2016,38(11)：9-13.
[8] 何佳,戎辉,王文扬,田晓笛,高嵩,郭蓬. 百度谷歌无人驾驶汽车发展综述[J]. 汽车电器,2017(12)：19-21.
[9] [2018-7-10]. http://www.elecfans.com/d/708369.html.
[10] [2016-5-23]. https://max.book118.com/html/2016/0522/43679171.shtm.
[11] [2015-6-18]. http://www.chinaev.org/DisplayView/Normal/News/Detail.aspx?id=20829.
[12] [2018-7-3]. http://www.elecfans.com/d/705241.html.
[13] [2018-7-26]. https://www.iyiou.com/p/77743.html.
[14] [2019-1-10]. https://baike.baidu.com/item/%E9%98%BF%E6%B3%A2%E7%BD%97/20625862.
[15] Navigant Research Leaderboard: Automated Driving Vehicles. 2018.

第 2 章 汽车构造基础

2.1 车辆动力传动系统

2.1.1 概述

汽车动力传动系统是位于发动机和驱动车轮之间的动力传动装置，其基本功用是将发动机发出的动力传给驱动车轮，以保证汽车在各种行驶条件下正常行驶所需的驱动力与车速，并使汽车具有良好的动力性和经济性。汽车动力传动系统根据汽车动力源不同可分为传统动力传动系统、混合动力传动系统和纯电动传动系统。

2.1.2 传统动力传动系统

内燃机汽车所采用的传动系统称为传统动力传动系统。为了与内燃机协同工作驱动车轮，它应当实现减速增矩、汽车变速、汽车倒驶，必要时中断传动系统的动力传递以及使两侧驱动车轮差速行驶等作用。

传统动力传动系统的组成及其在汽车上的布置形式，取决于发动机的形式和性能、汽车总体结构形式、汽车行驶系统等许多因素。为满足不同的汽车使用要求，根据发动机的摆放位置和驱动轮的不同可以将传统动力传动系统布置形式分为以下几类：

(1) FR(Front engine, Rear drive, 发动机前置后轮驱动)。
(2) FF(Front engine, Front drive, 发动机前置前轮驱动)。
(3) RR(Rear engine, Rear drive, 发动机后置后轮驱动)。
(4) MR(Middle engine, Rear drive, 发动机中置后轮驱动)。
(5) 4WD(4 Wheel Drive, 四轮驱动)。

本节通过典型的前置后驱方案来介绍传统动力传动系统的动力传动路线和组成。如图 2.1 所示，发动机纵向安置在汽车前部，并且以后轮为驱动轮。图中有标号的部分为传动系统。发动机的动力依次经离合器 1、变速器 2、万向节 3 及传动轴 8 组成的万向传动装置、驱动桥 4 中的主减速器7、差速器5和半轴6,最后传到驱动车轮。下文将依次介绍各传动组成部分的功用和工作原理。

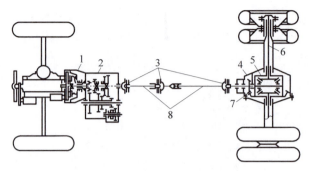

图 2.1　前置后驱方案的传动示意图

1—离合器;2—变速器;3—万向节;4—驱动桥;5—差速器;6—半轴;7—主减速器;8—传动轴

1. 离合器

离合器是汽车传动系统中直接与发动机相连接的部件,其功用有:

(1) 保证汽车平稳起步。

(2) 保证传动系统换挡时工作平顺。

(3) 限制传动系统所承受的最大转矩,防止传动系统过载。

欲使离合器起到以上几个作用,其主动部分和从动部分应可暂时分离,又可逐渐接合,且传动过程中还可能产生相对转动。因此离合器的主动部件和从动部件间不可采用刚性联系,应利用摩擦作用、液体介质或者磁力来传递转矩。目前汽车上广泛使用的是摩擦式离合器,本节只介绍摩擦式离合器的结构和工作原理。

简单摩擦式离合器的机构和工作原理如图2.2所示。发动机飞轮1是离合器的主动部分。带有摩擦片的从动盘2、从动盘毂6和离合器从动轴(变速器第一轴)5相连,构成了离合器从动部分。由于压紧弹簧4的作用,离合器的主动部分与从动部分常处于接合状态,以保证动力的传输。欲使离合器分离,只需踩下离合器踏板7,拨叉推动从动盘毂6克服弹簧的压力向右移动,此时从动盘与飞轮分离,摩擦力矩消失,从而中断了动力传递。

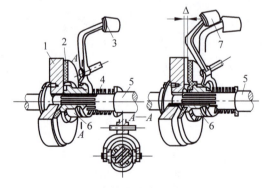

图 2.2　摩擦式离合器的工作原理

1—飞轮;2—从动盘;3、7—踏板;4—压紧弹簧;5—从动轴;6—从动盘毂

2. 变速器

由于传统汽车采用内燃机作为动力源,转矩和转速变化范围较小,且内燃机无法反向旋转,不能满足复杂工况的使用需求,因此在传动系统中设置了变速器。其具体功用有:

(1) 改变传动比,扩大驱动轮转矩和转速的变化范围,以适应经常变化的行驶条件。

(2) 实现汽车倒退行驶。

(3) 利用空挡,中断动力传递,以使发动机能够启动、怠速,并便于变速器换挡或进行动力输出。

变速器按其传动比变化方式不同可分为有级式变速器和无极式变速器。

1) 有级式变速器

有级式变速器采用齿轮传动,具有若干个定值传动比,应用最为广泛。按所用轮系形式不同可分为普通齿轮式变速器和行星齿轮式变速器两种。本节仅对普通齿轮式变速器作介绍。

普通齿轮式变速器主要分为两轴式、三轴式和组合式。两轴式变速器的特点是输入轴和输出轴只通过一对齿轮传动,无中间轴,因而机械效率高,噪声小,但没有直接挡,最高挡的机械效率较低。三轴式变速器除有输入轴、输出轴外,还另设有中间轴,因此机械效率较低,但由于有直接挡,其最高挡的机械效率相较两轴式变速器更高。组合式变速器的形式是以 1~2 种四挡或五挡变速器为主体,通过更换齿轮副和配置不同的各个副变速器,以得到不同传动比范围。目前组合式变速器主要应用在重型货车上,因为重型货车的装载质量大,使用条件复杂,必须扩大传动比范围并增多挡位数。

图 2.3 为典型的三轴五挡变速器结构简图。主要由输入轴、输出轴、中间轴、各挡主从动齿轮以及同步器等几个部件构成。换挡过程中通过对同步器的控制,可使各挡位的主动齿轮和从动齿轮啮合,完成变速。

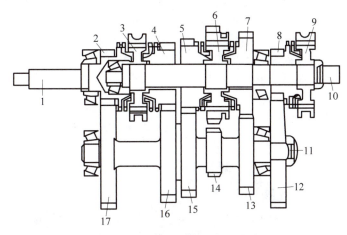

■ 图 2.3 三轴五挡变速器结构简图

1—输入轴;2—输入轴常啮合齿轮;3—三、四挡同步器;4—三挡从动齿轮;5—二挡从动齿轮;
6———、二挡从动齿轮;7——挡从动齿轮;8—五挡从动齿轮;9—五挡同步器;10—输出轴;
11—中间轴;12—五挡主动齿轮;13——挡主动齿轮;14—倒挡主动齿轮;
15—二挡主动齿轮;16—三挡主动齿轮;17—中间轴常啮合齿轮

2) 无级式变速器

无级式变速器是指传动比在一定范围内可按无限多级变化的变速器,常见的形式有电力式、液力式和金属带式等。

液力式无级变速器的核心元件是液力变矩器。液力变矩器结构如图2.4所示,它由可旋转的泵轮4、涡轮3以及固定不动的导轮5三个部件组成。泵轮4和涡轮3的环状壳体中径向排列着许多叶片,当泵轮旋转时,液力变矩器中的工作液也被叶片带动一起旋转。工作液将动能传给涡轮,带动涡轮旋转。由于涡轮与从动轴7相连,因而涡轮可带动从动轴输出转矩转速。

在循环流动过程中,导轮5固定不动。当汽车起步、上坡或遇到较大阻力时,车速降低(即涡轮转速降低),此时泵轮与涡轮之间的转速差较大,因而工作液形成的涡流大。液流对导轮的冲击将给涡轮施以反向力矩,使涡轮的输出转矩大于泵轮的输入转矩,达到变矩效果,保证汽车能克服阻力继续行驶。汽车起步之后,随涡轮转速升高,泵轮涡轮转速差变小,工作液形成的涡流减小,导致输出转矩下降。因此液力变矩器可随汽车行驶阻力的不同而自动改变变距系数。

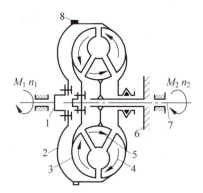

■图2.4 液力变矩器示意图

1—发动机曲轴;2—变矩器壳体;3—涡轮;
4—泵轮;5—导轮;6—导轮固定套管;
7—从动轴;8—启动齿圈

虽然液力变矩器能在一定范围内自动地、无级地改变转矩比和传动比,但其效率和变矩能力都较低,难以满足汽车要求。因此在汽车上广泛采用的方案是在液力变矩器的后端增加齿轮式变速器,以进一步增大转矩,扩大变速范围。

与液力式无级变速器不同,CVT(Continuously Variable Transmission,金属带式无级变速器)主要是靠机械传动来实现无级变速的效果。它的结构如图2.5所示,关键部件是两个滑轮和一条金属带,金属带套在两个滑轮上。滑轮由两块轮盘组成,这两片轮盘中间的凹槽形成一个V形,其中一边的轮盘由液压控制机构控制,可做轴向移动。通过根据不同的发动机转速,进行分开与拉近的动作,V形凹槽随之变宽或变窄,从而改变金属带与滑轮接触的直径。两个滑轮呈反向调节,即其中一个带轮凹槽逐渐变宽时,另一个带轮凹槽就会逐渐变窄,从而迅速加大传动比的变化。

■图2.5 CVT结构示意图

上述为一些常见的无级变速器。随着变速器技术的日益发展,许多新型变速器开始被研发应用,ECVT(Electronic Continuously Variable Transmission,电控无级变速器)就是其中之一。虽然ECVT在名称上与CVT只有一个字母的差别,但其实现方式却大有不同。

ECVT 指向的含义更倾向于"可实现电控无级变速功能的变速器",强调的是功能而非某个具体结构。因此不同整车厂家对 ECVT 有着不同的诠释方式。目前,ECVT 主要应用在混动传动系统中,以满足发动机和电机混合驱动的性能要求,本田 i-MMD(Intelligent Multi Mode Drive,智能多模式驱动)和丰田 THS(Toyota Hybrid System,丰田混动系统)就是两个经典的 ECVT 应用系统。

本田 i-MMD 包括纯电机驱动、混合动力驱动和发动机驱动三种驱动模式。其中电机驱动时和发动机驱动时将采用不同传动比,但两个传动比都相对固定,所以其实本田 i-MMD 并不存在实体意义上的变速器,其无级变速效果是靠驱动模式选择来实现的。本田 i-MMD 会根据实际工况和车速来选择发动机和电机该何时驱动和以何种方式驱动,通过切换驱动模式,进而完成从低速到高速各范围段的无缝连接。

与本田 i-MMD 不同,丰田 THS 则是通过一款由行星齿轮组构成的变速器来完成电控无级变速。

万向传动装置:万向传动装置的作用是实现一对轴线相交且相对位置经常变化的转轴之间的动力传递,一般由万向节和传动轴组成,其结构和布置如图 2.6 所示。

其中万向节是转轴与转轴之间实现变角度传递动力的基本部件,按其在扭转方向上是否有明显弹性,可分为刚性万向节和挠性万向节。

3.驱动桥

驱动桥位于汽车传动系统的末端,其功用如下。
(1)将转矩传到驱动轮,并降低转速、增大转矩。
(2)改变转矩传递方向。
(3)通过差速作用,保证内、外侧车轮以不同转速转向。

驱动桥的类型有断开式驱动桥和非断开式驱动桥两种。断开式驱动桥通常与独立悬架配用,非断开式驱动桥与非独立悬架配用。

非断开式驱动桥也称为整体式驱动桥,其半轴套管与主减速器壳是刚性连成一体的,因而两侧的半轴和驱动桥不可能在横向平面内做相对运动。如图 2.7 所示,非断开式驱动桥由主减速器 2、差速器 3、半轴 4 和驱动桥壳 1 和轮毂 5 等组成。从变速器经万向传动装置输入驱动桥的转矩首先传到主减速器 2,在此增大转矩并相应降低转速后,经差速器 3 分配给左、右两半轴 4,最后通过半轴 4 外端的凸缘盘传至驱动轮的轮毂 5。

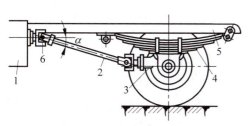

■ 图 2.6 变速器与驱动桥之间的万向传动装置

1—变速器;2—传动轴;3—驱动桥;
4—悬架;5—车架;6—万向节

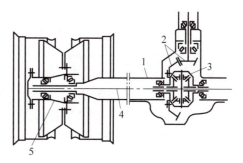

■ 图 2.7 非断开式驱动桥示意图

1—驱动桥壳;2—主减速器;
3—差速器;4—半轴;5—轮毂

断开式驱动桥的主减速器壳固定在车架上,驱动桥壳制成分段并通过铰链连接,这样两侧的驱动轮便可彼此独立地相对于车架上下跳动,其结构示意如图2.8所示。

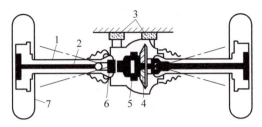

■ 图2.8　断开式驱动桥示意图

1—驱动桥壳；2—半轴；3—支架；4—主减速器；5—差速器；6—万向节；7—驱动轮

1) 主减速器

主减速器的功用是将输入的转矩增大并相应降低转速,以及当发动机纵置时还具有改变转矩旋转方向的作用。主减速器的结构形式各样,按齿轮副结构形式分,有圆柱齿轮式、锥齿轮式和准双曲面齿轮式；按照参加减速传动的齿轮副数目可分为单级式主减速器和双级式主减速器。

图2.9所示的为双级式主减速器,它由一对弧齿锥齿轮和一对圆柱齿轮构成,相比于单级式主减速器具有更大的传动比,以满足汽车行驶要求。

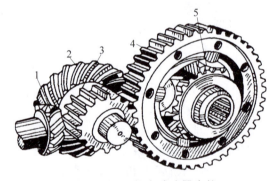

■ 图2.9　双级主减速器齿轮

1—主动弧齿锥齿轮；2—从动弧齿锥齿轮；3—圆柱主动齿轮；4—圆柱从动齿轮；5—差速器行星齿轮

2) 差速器

当汽车转弯行驶时,外侧车轮移动的距离大于内侧车轮。若两侧车轮都固定在同一刚性转轴上,两轮角速度相等,则此时外轮必然是边滚动边滑移,内轮必然是边滚动边滑转。因此需在驱动桥中设置差速器。差速器的功用是当汽车转弯行驶或在不平路面上行驶时,使左右驱动车轮以不同的角速度滚动,以保证两侧驱动轮与地面间做纯滚动运动。

目前,汽车上广泛应用的是对称式锥齿轮差速器,它由行星齿轮、行星齿轮轴、半轴齿轮和差速器壳等组成。其结构如图2.10所示,动力自主减速器从动齿轮7依次经差速器壳2、行星齿轮轴4、行星齿轮5、11、半轴齿轮3、6、半轴1、10输出给驱动轮。当两侧车轮以相同的转速转动时,行星齿轮绕半轴轴线转动(公转)；若两侧车轮阻力不同,则行星齿轮在做上述公转运动的同时,还绕自身轴线转动(自转)。因此,两半轴齿轮可带动两侧车轮以不同转速转动。

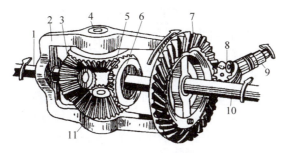

图 2.10 对称式锥齿轮差速器示意图

1、10—半轴；2—差速器壳；3、6—半轴齿轮；4—行星齿轮轴；5、11—行星齿轮；
7—主减速器从动齿轮；8—主减速器主动齿轮；9—主减速器主动齿轮轴

由于传统差速器有着转矩平均分配给两侧车轮的特性，因此即使一侧车轮与路面之间附着力很小，也能获得较大的转矩，此侧车轮会原地滑转，致使总的驱动力不足以克服行驶阻力。为了提高汽车在坏路面上的通过能力，可采用防滑差速器。防滑差速器可在一侧驱动轮打滑空转的同时，将大部分或全部转矩传给不打滑的驱动轮，以利用这一驱动轮的附着力产生较大的驱动力矩使汽车行驶。

常用的防滑差速器有以下几类：

（1）强制锁止式差速器：在对称式锥齿轮差速器上设置差速锁。当一侧驱动轮滑转时，可利用差速锁使差速器不起差速作用。

（2）高摩擦自锁式差速器：利用差速器内机构的摩擦力矩实现自锁。

（3）托森差速器：利用蜗杆传动的不可逆性原理和齿面高摩擦条件，使差速器根据其内部差动转矩大小而自动锁死或松开。

（4）黏性联轴差速器：内部密封空间注满高黏度硅油，主、从动部分靠硅油的黏性来传递转矩。主、从动轴出现转速差时，硅油产生极大的黏性阻力，阻止内外板间相对运动，即可自动锁死。

3）半轴与桥壳

半轴是在差速器与驱动轮之间传递动力的实心轴，现代汽车基本上采用全浮式半轴支承和半浮式半轴支承。

驱动桥壳是安装主减速器、差速器、半轴、车轮的装配基体，从结构上可分为整体式桥壳和分段式桥壳两类，其功用是：

（1）支承并保护主减速器、差速器和半轴等。

（2）使左、右驱动轮的轴向相对位置固定。

（3）与从动桥一起支承车架及其上各总成的质量。

（4）承受由车轮传来的路面反作用力和力矩，并经悬架传给车架。

2.1.3 纯电动传动系统

纯电动汽车是指以蓄电池或燃料电池为动力，用电动机驱动的汽车。与内燃机汽车和其他类型的电动汽车相比，纯电动汽车具有以下特点。

（1）无污染，噪声低。纯电动汽车在使用过程中没有内燃机汽车工作时产生的废气，不产生排气污染,是真正意义上的零污染汽车。由于纯电动汽车没有内燃机产生的噪声,而电动机的噪声又较内燃机小,因此,纯电动汽车行驶时的噪声很小,大大提高了汽车的乘坐舒适性。

(2)能源效率高。对纯电动汽车的研究表明,其总的能源效率已超过汽油机汽车。特别是在城市街道运行时,汽车走走停停,行驶工况变化频繁,而纯电动汽车由于停驶时不消耗电能,在制作过程中又可以实现制动能量的回收利用,所以优势更加明显。

(3)结构简单,使用维修方便。与内燃机汽车、混合动力电动汽车相比,纯电动汽车的结构简单,动力传动部件减少,维修工作量小。此外,纯电动汽车的动力驱动系统、电子控制系统的故障检修比发动机及其电子控制系统要简单得多,纯电动汽车的驾驶操作也更为简单。

但同时也应该看到,作为纯电动汽车唯一动力电源的蓄电池,目前其多项技术性指标还远未达到人们设想的目标,因此纯电动汽车存在使用成本高、续驶里程短、充电时间长等缺点。

纯电动汽车由电力驱动系统、电源系统和辅助系统等三部分组成。其驱动和传动布置大致可以分为电动机中央驱动和电动轮驱动两种,如图2-11所示。

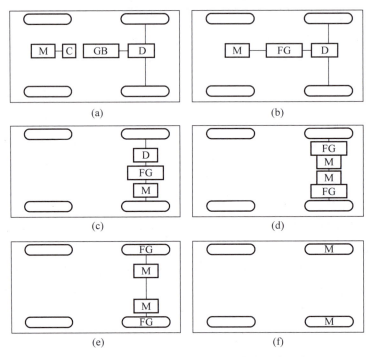

■图2.11 纯电动汽车电力驱动及传动系统示意图
GB—变速器;M—电动机;FG—固定速比减速器;C—离合器;D—差速器

1. 电机中央驱动

第一种类型如图2.11(a)所示,它由发动机前置前轮驱动的燃油车发展而来,保留了传动内燃机汽车的传动系统,只是把内燃机换成了电动机。这种结构可以提高纯电动汽车的启动转矩及低速时的后备功率,对驱动电动机要求较低。

第二种类型如图 2.11(b)所示，它最大的特点是取消了离合器和变速器，采用固定速比减速器，通过电动机的控制实现变速功能。这种结构的优点是机械传动装置的质量较轻、体积较小。但对电动机的要求较高，不仅要求有较高的启动转矩，而且要求较大的后备功率，以保证纯电动汽车的起步、爬坡、加速等动力性能。

第三种类型如图 2.11(c)所示，这种结构与发动机横向前置、前轮驱动的燃油汽车的布置方式类似。它把电动机、固定速比减速器和差速器集成为一个整体，两根半轴连接驱动车轮。这种结构在小型电动汽车上应用很普遍。

2. 电动轮驱动

第一种类型如图 2.11(d)所示，这种结构采用两个电动机，通过固定速比减速器分别驱动两个车轮，每个电动机的转速可以独立调节。当汽车转向时，由电子控制系统实现电子差速，因此，电动机控制系统比较复杂。

第二种类型如图 2.11(e)所示，它将电动机和固定速比减速器安装在车轮里，没有传动轴和差速器，从而简化了传动系统。但是，电动轮驱动方式需要多个电动机，控制电路复杂。

第三种类型如图 2.11(f)所示，它采用低速外转子电动机，去掉了减速齿轮，将电动机的外转子直接安装在车轮的轮毂上，称为轮毂电机，结构如图 2.12 所示。这种结构的电动机与驱动车轮之间无机械传动装置，无机械传动损失，空间利用率最大。但由于直接驱动车轮的形式对电动机的性能要求最高，要求其具有较高的启动转矩，较大的后备功率。

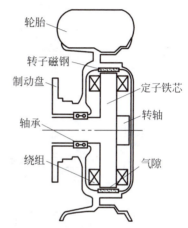

■图 2.12　轮毂电机结构示意图

2.1.4　混动传动系统

混合动力汽车是指装有内燃机与电动机两种动力的汽车，它综合了传统内燃机汽车和纯电动汽车的优点，具有续驶里程较长，燃油消耗和排放降低等优点。按照内燃机与电动机连接方式的不同，混合动力汽车的传动系统可分为串联型、并联型和串-并联型三种。

串联型混合动力汽车靠内燃机带动发电机发电，发出的电供给电动机用来驱动车辆行驶。若有剩余，则对蓄电池充电。在需要大功率输出时，发电机和蓄电池同时向电动机供电。其驱动方式如图 2.13 所示。

并联型混合动力汽车采用内燃机和电动机两套各自独立的驱动系统。内燃机可以单独驱动车辆，电动机也可以单独驱动车辆，内燃机与电动机还可以联合驱动车辆，当内燃机输出功率大于驱动车辆所需要的功率或者再生制动时，电机工作在发电机状态，将多余的能量转化为电能充入蓄电池。其驱动方式如图 2.14 所示。

由于并联式混合动力汽车中发动机和电机的高效工作区域并不相同，为了发挥并联式混合动力系统的优势，汽车应根据不同运行工况，采取与之相适应的工作模式，以提高车辆整体动力性、经济性及排放性。

(1) 纯电动工况：当并联式混合动力汽车处于低速、轻载等工况且电池的剩余电量较

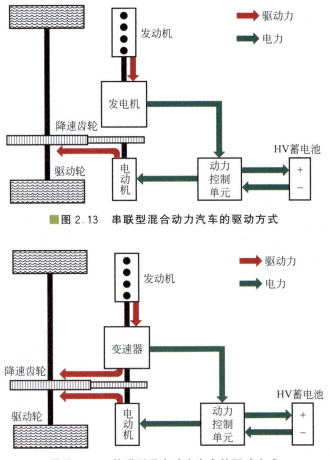

■ 图2.13 串联型混合动力汽车的驱动方式

■ 图2.14 并联型混合动力汽车的驱动方式

高时,若以发动机作为驱动动力源,不仅燃油效率较低,并且排放性能很差。因此,在这种情况下,发动机停止工作,由电池提供能量驱动电机带动整车运动。

(2) 纯发动机工况:在车辆中高速行驶且中等负荷时,车辆克服行车阻力所需的动力并不是很大且电池的剩余电量并不是很低。在这种情况下主要由发动机提供动力。此时,发动机可工作于较高的效率区域且排放性也较好。

(3) 混合驱动模式:在急加速或爬坡等大负荷情况下,当车辆所需的动力超过发动机工作能力或不在发动机高效区时,这时驱动电机以电动机的形式工作对发动机进行助力。

(4) 行车充电模式:在车辆正常行驶等中低负荷时,若这时电池的剩余电量较低,发动机除了要提供驱动车辆所需的动力外,还要提供额外的功率对电池充电。

(5) 再生制动模式:当并联式混合动力汽车减速/制动时,电机在保证制动安全的前提下尽可能多地回收再生制动能量,剩余的能量由机械制动系统消耗掉。

串-并联型混合动力汽车结合了并联和串联两种形式,驱动方式如图2.15所示。发动机发出的功率一部分通过机械传动输送给驱动桥,另一部分则供给发电机发电。发电机发出的电能输送给电动机或电池,电动机产生的驱动力矩通过动力合成装置传送给驱动桥。当汽车运行在低转速范围内时,可以仅依靠低速大转矩的电动机驱动汽车,而当汽车在更高的速度范围内运行时,可以由高效率的发动机来驱动。

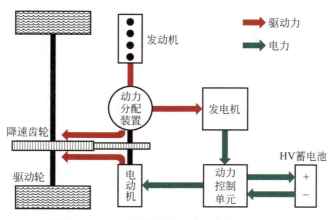

■图2.15 串-并联型混合动力汽车驱动方式

在以上的混动系统基础上,本田推出了 i-MMD(Intelligent Multi Mode Drive,智能多模式驱动)混动系统,它包括纯电机驱动模式、混合驱动模式以及发动机驱动模式,动力传输路线分别如图2.16、图2.17以及图2.18所示。纯电机驱动模式下,由蓄电池给行驶用电机提供电力驱动车轮,此时发动机不工作。混合驱动模式下,发动机驱动发电用电机运转,发出电力提供给行驶用电机来驱动车辆,这时发动机与电动机同时工作。发动机驱动模式下,由发动机直接通过离合器将动力传到车轮,从而驱动车辆,这时电池电机均不工作。本田 i-MMD 可根据不同的行驶路况,切换不同的行驶模式,以达到最佳的行驶状态。

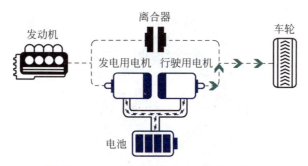

■图2.16 电机驱动模式动力传输示意图

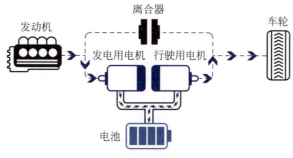

■图2.17 混合驱动模式动力传输示意图

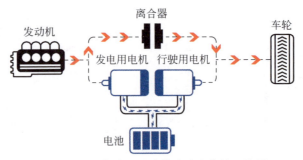

■图 2.18　发动机驱动模式动力传输示意图

另一类典型的混合传动系统是丰田 THS（Toyota Hybrid System，丰田混动系统），它属于串-并联型混合系统，其动力传输路线如图 2.19 所示。由图可以看出，1 号电机为该行星齿轮组变速器的太阳齿轮，2 号驱动电机为外齿圈，发动机为行星齿轮和行星齿轮座圈，三者同轴耦合。其中 1 号电机负责发电、启动发动机，2 号电机负责起步、低速驱动、混动驱动，发动机负责混动驱动，提供电力供给等。丰田 THS 将根据工况调整 1、2 号电机和发动机的输入，进而连续调整行星齿圈的输出转速，达到无级变速效果，使驾驶平滑顺畅。

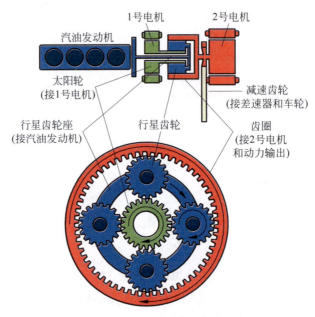

■图 2.19　丰田 THS 动力传输示意图

2.2　车辆悬架系统

2.2.1　概述

1. 悬架的功用和组成

悬架是车架（或承载式车身）与车桥（或车轮）之间的一切传力连接装置的总称。其功用是把路面作用于车轮上的反力所造成的力矩传递到车架上,可吸收和缓和路面不平所造成的振动和冲击,以保证汽车的正常行驶,提高乘客的乘坐舒适性和运输货物的安全性。

现代汽车悬架的结构形式各样,但一般都由弹性元件1、减振器3、和导向机构2、4、5三部分组成,如图2.20所示。

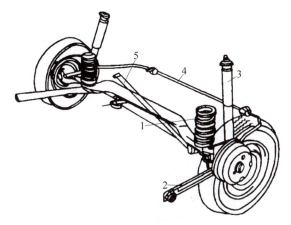

■图2.20　汽车悬架组成示意图

1—弹性元件；2—纵向推力杆；3—减振器；4—横向推力杆；5—横向推力杆

其中弹性元件可使车架与车桥之间作弹性联系,承受和传递垂直载荷,缓和及抑制不平路面所引起的冲击；导向装置用来传递纵向力、侧向力及其力矩,并保证车轮相对于车架或车身有一定的运动规律；减振器用以加快振动的衰减,限制车身和车轮的振动。三个组成部分分别起到缓冲、导向和减振作用,三者共同任务是传力。

需要指出的是：任何悬架只要具备上述功用,在结构上并非需要有以上全套装置。如一般汽车上广泛采用的多片钢板弹簧悬架,它既有缓冲、减振的功能,又担负起传力和导向的任务,因此,不需要再安装导向机构,甚至不要减振器(如后悬架)。

2. 悬架的类型

汽车悬架可分为非独立悬架和独立悬架两大类,结构如图2.21所示。

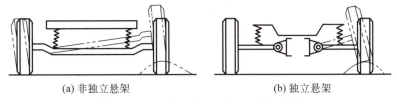

(a) 非独立悬架　　　　(b) 独立悬架

■图2.21　非独立悬架与独立悬架示意图

非独立悬架的特点是左右车轮安装在一根整体式车桥两端,车桥则通过弹性元件与车架相连,如图2.21(a)所示。当非独立悬架的一侧车轮跳动时,另一侧车轮也会受到影响,因此也将它称为相关悬架。独立悬架的两侧车轮则分别安装在断开式车桥两端,每段车桥和车轮单独通过弹性元件与车架相连。每个车轮能独立上下运动而无相互影响,如图2.21(b)所示。

2.2.2 非独立悬架

非独立悬架因其结构简单,工作可靠,而被广泛应用于货车的前、后悬架。在轿车中,非独立悬架仅用于后桥。

非独立悬架按照弹性元件不同,可分为钢板弹簧、螺旋弹簧、空气弹簧、油气弹簧等多种类型。而采用钢板弹簧时,由于钢板弹簧本身兼起导向机构作用,并有一定减振作用,使得悬架结构大为简化。因而在非独立悬架中大多数采用钢板弹簧作为弹性元件。本节仅介绍钢板弹簧式非独立悬架的结构功能。

钢板弹簧由若干片长度不等、曲率半径不同、厚度相等或不等的弹簧钢片叠合在一起,组成一根近似等强度的弹性梁,如图 2.22 所示。

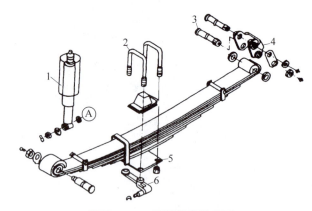

图 2.22　钢板弹簧示意图

1—减振器总成;2—U 形螺栓;3—钢板弹簧销;4—钢板弹簧吊耳;5—底板;6—减振器支架

钢板弹簧的中部一般由 U 形螺栓 2 与车桥刚性固定,其两端用钢板弹簧销 3 铰接在车架的支架上。钢板弹簧前端卷耳用钢板弹簧销连接到车架上,形成固定的铰链支点,起传力作用。

在车架加载弹簧变形时,钢板弹簧各片之间相对滑动进而产生摩擦,此时钢板弹簧本身具有一定减振作用。如果钢板弹簧各片之间干摩擦时,轮胎所受到的冲击会直接传给车架,即降低了悬架缓和冲击的能力,并使弹簧各片加速磨损,故安装钢板弹簧时,应在各片之间涂上适量的石墨润滑剂。同时钢板弹簧本身还兼起导向作用,可不必单独设置导向装置。

2.2.3 独立悬架

前已述及,独立悬架的结构特点是两侧的车轮各自独立地与车架或车身弹性连接,因而具有以下优点:

(1)弹性组件的变形在一定的范围内,两侧车轮可以单独运动而互不影响,这样可减少车架和车身在不平道路上行驶时的振动,而且有助于消除转向轮不断偏摆的现象。

(2)减少了汽车上非簧载质量(即不用弹簧支承的质量),悬架所受到冲击载荷较小,因此采用独立悬架可以提高汽车的平均行驶速度。

(3)发动机总成的位置可降低和前移,使汽车重心下降,提高了汽车行驶的稳定性。

(4) 可保证汽车在不平道路上行驶时,车轮与路面有良好的接触,增大了驱动力。

以上优点使独立悬架在现代汽车上广泛地被采用,特别是轿车的转向轮普遍采用了独立悬架。但是,独立悬架结构复杂,制造成本高;维修不便;车轮跳动时,由于车轮外倾角与轮距变化较大,轮胎磨损较为严重。

独立悬架的结构类型很多,如图 2.23 所示。可按车轮运动形式分成以下 4 类。

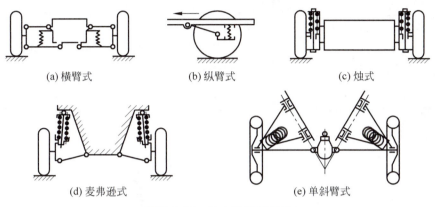

(a) 横臂式　　(b) 纵臂式　　(c) 烛式

(d) 麦弗逊式　　(e) 单斜臂式

▌图 2.23　独立悬架示意图

(1) 横臂式独立悬架:车轮在汽车横向平面内摆动的悬架,如图 2.23(a)。
(2) 纵臂式独立悬架:车轮在汽车纵向平面内摆动的悬架,如图 2.23(b)。
(3) 滑柱连杆式悬架:车轮沿主销移动的悬架,其中包括:烛式悬架(图 2.23(c))和麦弗逊式悬架(图 2.23(d))。
(4) 单斜臂式独立悬架:车轮在汽车的斜向平面内摆动的悬架,如图 2.23(e)。

2.2.4　电控悬架

上述的是传统悬架系统,其刚度和阻尼等性能无法在汽车行驶过程中调节,汽车行驶平顺性和乘坐舒适性会受到一定影响,故称传统的悬架系统为被动悬架。如果我们想要悬架系统的刚度和阻尼特性可根据汽车的行驶条件自适应调节,并使悬架系统始终处于最佳减振状态,则可以采用电控悬架。电控悬架系统能够根据车身高度、车速、转向角度及速率、制动等信号,由电子控制单元(ECU)控制悬架执行机构,使悬架系统的刚度、减振器的阻尼力及车身高度等参数得以改变,从而使汽车具有良好的乘坐舒适性、操纵稳定性以及通过性。电控悬架系统的最大优点就是它能使悬架随不同的路况和行驶状态做出不同的反应。

电控悬架组成示意图如 2.24 所示,通常包含以下 4 部分。

(1) 执行机构:作用是执行控制系统的指令,一般为力发生器或转矩发生器(液压缸、气缸、伺服电动机、电磁阀等)。

(2) 检测系统:作用是检测系统的各种状态,为控制系统提供依据,包括各种传感器、车身加速度传感器、车身高度传感器、车速传感器、方向盘转角传感器、节气门位置传感器等。它们将检测出汽车行驶的速度、启动、加速度、转向、制动和路面状况、汽车振动状况、车身高度等信号,并输送给电子控制模块。

(3) 控制系统:作用是处理数据和发出各种控制指令,其核心部件是电子控制器。

（4）能源系统：作用是为以上各部分提供能量。

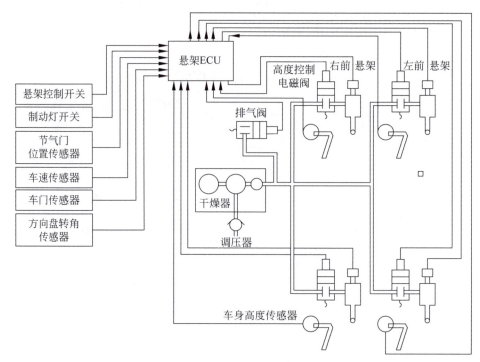

■ 图2.24 电控悬架示意图

按其控制理论的不同，电控悬架系统可分为全主动悬架和半主动悬架系统两大类。全主动悬架可根据汽车运动实际情况，对悬架的刚度和阻尼进行自适应调节。它是在被动悬架系统中附加一个可控制作用力的装置。该装置通常由执行机构、测量系统、反馈控制系统和能源系统4部分构成。半主动悬架不改变悬架的刚度，而只改变悬架的阻尼。它不能随外界的输入进行最优控制和调节，但它可以根据路面的激励和车身的响应，按存储在电控单元内的各种条件，令弹簧和减振器的优化参数对弹簧刚度和悬架的阻尼进行自动调整，使车身的振动控制在某个范围之内。半主动悬架是无源控制，即它没有一个动力源为悬架提供连续的能量输入。因此汽车在转向、启动、制动等工况时不能对悬架刚度和阻尼力进行有效控制。与主动悬架相比较，半主动悬架有着结构简单，不消耗汽车动力和制造成本低等优点。因而半主动悬架有较好的应用前景。

2.3 车辆转向系统

2.3.1 转向系统的功用及类型

转向系统的功用是按照驾驶员的意图改变或保持汽车的行驶方向。根据转向能源的不同，汽车转向系统可以分为机械转向系统和动力转向系统两大类。

1）机械转向系统

机械转向系统是以驾驶员的体力作为转向能源的转向系统的，其中所有传力件都是机械的,因此也称为人力转向系统。机械转向系统由转向操纵机构、转向器和转向传动机构三大部分组成。

从方向盘到转向传动轴的一系列部件和零件属于转向操纵机构。其功能是将驾驶员作用在转向盘上的力传递到转向器。

由转向摇臂至转向梯形的一系列部件和零件(不包含转向节)均属于转向传动机构。其功能是将转向器输出的力和运动传到转向桥两侧的转向节,使两侧转向轮偏转,并使两转向轮偏转角按一定关系变化,以保证汽车转向时车轮与地面的相对滑动尽可能小。

机械转向系统的组成和布置如图2.25所示,转向时,驾驶员对方向盘3施加一个转向力矩,该力矩通过转向轴4输入机械转向器2。转向器中有1～2级减速传动副。经转向器放大后的力矩和减速后的运动传到转向横拉杆8,再传给固定于转向节5上的转向节臂7,使转向节和它所支撑的转向轮偏转,从而改变汽车的行驶方向。

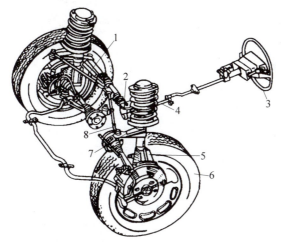

图2.25 机械转向系统示意图

1—转向减振器;2—机械转向器;3—方向盘;4—转向轴;5—转向节;6—转向轮;7—转向节臂;8—转向横拉杆

2) 动力转向系统

兼用驾驶员体力和发动机或电动机的动力为转向能源的转向系统叫动力转向系统。它是在机械转向系统的基础上加设一套转向加力装置而形成的。在正常情况下,汽车转向所需能量,只有一小部分由驾驶员提供,而大部分由发动机或电动机通过转向加力装置提供。在转向加力装置失效时,还应当能由驾驶员独立承担汽车转向任务。具体实现方式将在转向助力相关内容中介绍。

2.3.2 转向器

转向器的功用是将来自方向盘的转向力矩和转向角进行适当变换,再输出给转向传动机构,其本质是减速传动装置,一般有1～2级减速传动副。目前在汽车上广泛应用的结构类型有齿轮齿条式、循环球-齿条齿扇式、循环球-曲柄指销式和蜗杆曲柄指销式等。

1. 齿轮齿条式转向器

齿轮齿条式转向器一般由转向齿轮、转向齿条、壳体和预紧力调节装置等部分组成,结构如图 2.26 所示。其中转向齿轮 3 作为主动件,与水平布置的转向齿条 2 啮合,构成齿轮齿条传动副,将驾驶员的转向操纵力传递给转向横拉杆总成 7,经转向横拉杆末端 6 带动转向节转动。预紧力调节装置可保证齿轮齿条无间隙啮合。

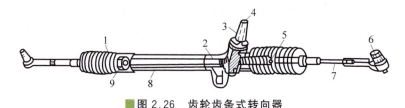

■ 图 2.26 齿轮齿条式转向器

1—防护套;2—转向齿条;3—转向齿轮;4—花键与转向柱;
5—内端球;6—转向横拉杆末端;7—转向横拉杆总成;8—外壳;9—齿条导块

齿轮齿条转向器的结构简单、质量轻、刚度大、转向灵敏、成本低、效率高、便于布置,且特别适用于与烛式和麦弗逊式悬架配用,因此目前在轿车和微型、轻型货车上都有广泛应用。

2. 循环球式转向器

循环球式转向器也是目前在国内外汽车上较为流行的一种结构形式。循环球、齿条齿扇式转向器的整体结构如图 2.27 所示,它有两级传动副,一级是与转向轴连接的转向螺杆 3 和转向螺母 2,另一级是齿条和齿扇。转向螺母既是第一级传动副的从动件,又是第二级传动副的主动件。转向螺杆与转向螺母之间的螺纹不直接接触,而是利用滚珠实现滚动摩擦。

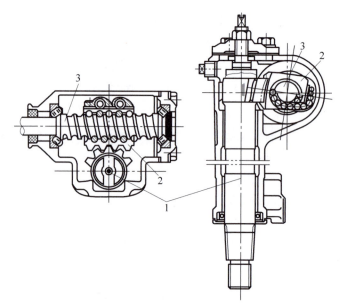

■ 图 2.27 循环球-齿条齿扇式转向器

1—扇形齿轮轴;2—转向螺母;3—转向螺杆

当方向盘转动时,转向轴带动转向螺杆 3 旋转,通过滚珠将力传给转向螺母 2,使得转向螺母 2 沿轴向移动,从而通过转向螺母外部的齿条带动扇形齿轮轴 1 的转动,实现车轮的转向。

3. 蜗杆曲柄指销式转向器

蜗杆曲柄指销式转向器的结构如图 2.28 所示，它以蜗杆 3 为传动副的主动件，以装在摇臂轴 1 曲柄端部的指销 2 为从动件。转动蜗杆时，与之啮合的指销即绕摇臂轴的轴线作圆弧运动，并带动摇臂轴转动实现转向。

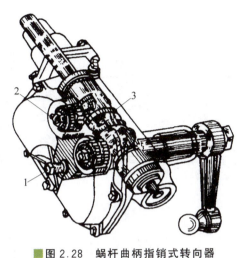

■图 2.28 蜗杆曲柄指销式转向器
1—摇臂轴；2—指销；3—蜗杆

2.3.3 转向助力

高速轿车、重型载货汽车和越野汽车等在转向时需要克服的转动阻力矩很大，普通机械转向系统难以满足要求，因此为避免驾驶员转向施力不足，减轻驾驶疲劳，目前汽车广泛采用了转向助力装置。

根据转向助力方式的不同，可大致分为液压助力转向、气压助力转向和电动助力转向。

1. 液压助力转向系统

将发动机输出的部分机械能转化为液压能或气压能，并在驾驶员控制下帮助驾驶员转向，称为液压或气压助力转向，本节主要介绍液压助力转向。利用液压进行助力转向的装置称为液压转向加力装置，可分为常压式和常流式两种。常压式液压转向加力装置的特点是无论方向盘状态如何，该系统工作管路中总是保持高压。常流式转向加力装置中的液压大小则是由方向盘控制。

常流式转向加力装置按其结构布置方案可分为以下三大类：

（1）整体式动力转向器：机械转向器和转向动力缸制成一体，并与转向控制阀组装在一起。

（2）半整体式动力转向器：转向控制阀同机械转向器组合成一个部件，转向动力缸作为独立部件。

（3）转向加力器：机械转向器作为独立部件，转向控制阀和转向动力缸组合成一个部件。

由于目前国产汽车几乎毫无例外地采用了整体式动力转向器,因此本节将只介绍整体式动力转向器的结构及工作原理。

图 2-29 所示为一汽捷达轿车装用的整体式动力转向器。从图中看出,齿轮齿条式机械转向器、转向动力缸和控制阀设计成一体,组成整体式动力转向器。其控制阀为转阀。转向动力缸活塞 3 与转向齿条 1 制成一体。转向动力缸活塞将转向动力缸 4 隔成左右两腔。转向轴 7 可通过扭杆 8 带动转向齿轮 2 转动。

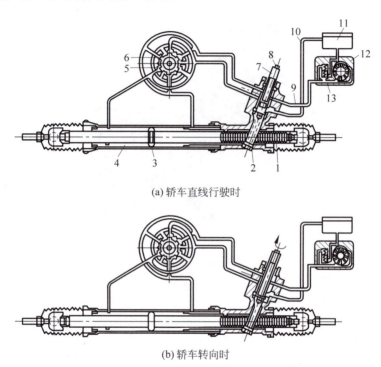

(a) 轿车直线行驶时

(b) 轿车转向时

■ 图 2.29　一汽捷达轿车整体式动力转向器

1—转向齿条；2—转向齿轮；3—转向动力缸活塞；4—转向动力缸；5—转阀阀套；6—转阀阀芯；7—转向轴；
8—扭杆；9—进油管路；10—回油管路；11—储油罐；12—转向液压泵；13—流量控制阀

汽车直线行驶时,如图 2.29(a)所示,转阀处于中间位置,转向液压泵 12 输出的油液流入转阀进油口,进入转阀腔体。此时转向动力缸 4 两腔相通,动力缸两腔无压差,油液经回油管路 10 流回储油罐 11。此时,转向动力缸不起作用,转向系统没有助力作用。

若汽车向右转向时,如图 2.29(b)所示,方向盘、转向轴连同阀芯都将顺时针转动,因为受到转向节臂传来的路面转向阻力,转向动力缸活塞 3 和转向齿条 1 暂时都不能运动,所以转向齿轮 2 暂时也不能随转向轴转动。这样,由转向轴传到转向齿轮的转矩只能使扭杆 8 产生少许扭转变形,使转阀阀芯 6 得以相对转阀阀套 5 转过不大的角度,从而转阀使动力缸左腔成为高压的进油腔,右腔则成为低压的回油腔。作用在动力缸活塞上向右的液压作用力,帮助转向齿轮 2 迫使转向齿条开始右移,转向轮开始向右偏转,此时起到了转向助力作用。若转向盘逆时针转动时,扭杆、转阀阀芯的转动方向以及动力缸活塞移动的方向与前述相反,转向轮向左偏转。

2．电动助力转向系统

电动助力转向直接依靠电动机提供辅助转矩，它可以根据不同的使用工况控制电动机提供不同的辅助动力。它主要包括转矩传感器、车速传感器、电子控制单元、电动机、离合器、减速机构、机械转向器等。其工作原理如图 2.30 所示，当转向轴 3 转动时，转矩传感器 2 开始工作，把两段转向轴在扭杆作用下产生的相对转角转变成电信号传给电子控制单元（ECU）1，ECU 根据车速传感器和转矩传感器的信号决定电动机 7 的旋转方向和助力电流的大小，并将指令传递给电动机，通过离合器 6 和减速机构 4 将辅助动力施加到转向系统中，从而完成实时控制的助力转向。

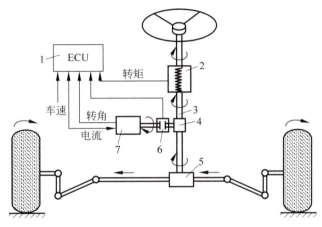

图 2.30　电动助力转向系统示意图

1—电子控制单元（ECU）；2—转矩传感器；3—转向轴；4—减速机构；5—齿轮齿条式转向器；6—离合器；7—电动机

3．前沿技术介绍

转向技术发展日新月异，在上述助力转向系统的基础上，又研发、生产出了许多新型转向系统，本节将举例介绍有代表性的几类。

（1）电控液压助力转向系统（Electrical Controlled Hydraulic Power Steering，ECHPS）：它在传统液压助力转向系统的基础上加装了由车速传感器、电磁阀、转向 ECU 等部件组成的电控系统。可通过车速信号控制电磁阀，进而调节腔内油压来控制转向助力大小。克服了液压助力转向系统只能根据方向盘转角增量调节助力大小，无法根据车速调整助力的缺陷。

（2）电动液压助力转向系统（Electronic Hydraulic Power Steering，EHPS）：它是利用电动机代替发动机来驱动液压泵，构成电动液压泵。并由动力转向 ECU 提供供油特性，进而控制电动机转速，如图 2.31 所示。转速越高，转向油泵的流量和压力越大，相应产生的助力也就越大。可以根据车速和路况，在汽车低速行驶时提供较大助力，使驾驶员操纵轻便灵活；在高速行驶时转向系统的助力作用减弱，驾驶员的操纵力增大，具有明显的"路感"，既保证转向操纵的舒适性和灵活性，又提高了高速行驶中转向的稳定性和安全感。

（3）前轮主动转向系统（Active Front Steering，AFS）：它由液压助力齿轮齿条助力转向系统、变传动比执行系统和电控系统组成。在驾驶过程中，驾驶员输入的力矩和转角传递给扭杆，力矩输入由液力伺服机构根据车速和转向角度进行助力控制，而角输入由双行星齿轮机构与控制器输出的附加转角进行角叠加。其中，控制器输出的转角是根据各个传感器的信号，包括车轮转速、转向角度、偏转率、横向加速度经综合计算得到的。因此它可以根据

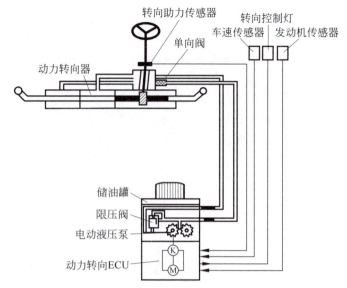

■ 图2.31 电动液压助力转向系统示意图

车速变化而不断改变转向系统中的传动比,使在低速行驶时可以以较小的方向盘转角幅度实现较大的转向,而在高速行驶时则相反。

(4) 线控转向(Steer By Wire,SBW)系统：它在驾驶员输入接口(方向盘)和执行机构(转向轮)之间通过线控连接,如图2.32所示。它可通过给助力电机发送电信号指令,从而实现对转向系统进行控制,而非传统的液力或机械控制。

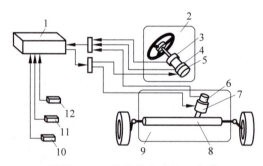

■ 图2.32 线控转向系统示意图

1—控制器；2—转向盘模块；3—转向盘转角传感器；4—转向盘转矩传感器；5—反力电机；
6—车轮转角传感器；7—转向电机；8—转向器；9—转向模块；10—车速传感器；
11—横摆角速度传感器；12—侧向加速度传感器

2.4 车辆制动系统

2.4.1 概述

使行驶中的汽车减速甚至停车,使下坡行驶的汽车速度保持稳定,以及使已停驶的汽车保持不动,这些作用统称为汽车制动。而对汽车进行制动的外力称为制动力,相应的一系列专门装置称为制动系统。

制动系统由制动器和制动驱动机构组成。制动器是指产生阻碍车辆运动或运动趋势的制动力的部件,其中也包括辅助制动系统中的缓速装置。制动驱动机构包括供能装置、控制装置、传动装置、制动力调节装置以及报警装置、压力保护装置等附加装置。

制动系统的类型很多,按其功用可分为以下 4 类:

(1) 行车制动系统:使行驶中的汽车降低速度甚至停车的一套专门装置。

(2) 驻车制动系统:使已停驶的汽车驻留原地不动的一套装置。

(3) 第二制动系统:在行车制动系统失效的情况下,保证汽车仍能实现减速或停车的装置。

(4) 辅助制动系统:在汽车下长坡时用以稳定车速的一套装置。

制动系统按制动能源可分为以下 3 类:

(1) 人力制动系统:以驾驶员的肌体作为唯一制动能源的制动系统。

(2) 动力制动系统:完全靠由发动机的动力转化而成的气压或液压形式的势能进行制动的制动系统。

(3) 伺服制动系统:兼用人力和发动机动力进行制动的制动系统。

制动系统按气压或液压回路还可分为以下两类:

(1) 单回路制动系统:传动装置采用单一的气压或液压回路。只要有一处损坏而漏气(油),整个系统即行失效。

(2) 双回路制动系统:行车制动器的气压或液压管路分属于两个彼此隔绝的回路。即使其中一个回路失效,还能利用另一回路获得一定的制动力。我国自 1988 年 1 月 1 日开始规定所有汽车必须采用双回路制动系统。

2.4.2 制动器

制动器是制动系统中用以产生阻碍车辆运动或运动趋势的制动力的部件。若制动器的制动力矩分别直接作用于两侧车轮上,则称为车轮制动器。若其制动力矩需经过驱动桥再分配到两侧车轮,称为中央制动器。车轮制动器一般用于行车制动,也会兼用于第二制动和驻车制动。中央制动器一般只用于驻车制动和辅助制动。

行车制动、驻车制动及第二制动系统所用制动器,几乎都是利用固定元件与旋转元件工作表面的摩擦作用产生制动力矩,称为摩擦制动器。目前各类汽车所用的摩擦制动器大致可分为鼓式和盘式两类,如图 2.33 所示。

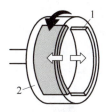

(a) 鼓式制动器

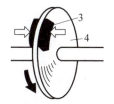

(b) 盘式制动器

■图 2.33 制动器结构示意图

1—制动蹄;2—制动鼓;3—制动钳;4—制动盘

1. 鼓式制动器

鼓式制动器以制动鼓为摩擦副中的旋转元件,其工作表面为圆柱面。鼓式制动器按其结构形式不同可分为轮缸式制动器、凸轮式制动器和楔式制动器,如图 2.34 所示。

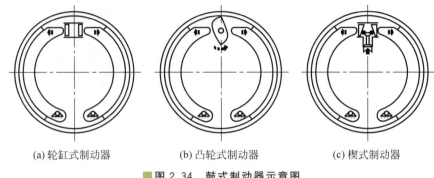

(a) 轮缸式制动器　　(b) 凸轮式制动器　　(c) 楔式制动器

■ 图 2.34　鼓式制动器示意图

轮缸式制动器(图 2.34(a))以液压制动轮缸作为促动装置,利用液压促动制动蹄与制动鼓接触形成摩擦力,进而制动。根据其工作原理和制动力矩的不同,有领从蹄式、双领蹄式、双向双领蹄式、双从蹄式以及自增力式多种类型。凸轮式制动器(图 2.34(b))与楔式制动器(图 2.34(c))结构与轮缸式制动器大体相同,不同的是凸轮式制动器的促动装置是制动凸轮,楔式制动器的促动装置是制动楔。

2. 盘式制动器

盘式制动器摩擦副中的旋转元件是以端面工作的金属圆盘,此圆盘称为制动盘。盘式制动器与鼓式制动器相比,其优点有:

(1) 制动效能稳定,受摩擦系数影响较小。
(2) 盘式制动器两面传热,圆盘旋转易于冷却,不易变形,制动效能好。
(3) 长时间使用后,制动盘沿厚度方向的热膨胀极小。
(4) 浸水后制动效能降低较少。
(5) 结构简单,尺寸和质量较小,维修方便,易实现间隙自动调整。

不足之处是制动效能较低,所以在液压制动系统中需另行装设动力伺服系统。目前,盘式制动器已广泛用于轿车。一些中高性能的轿车全部采用盘式制动器,中级以下的轿车前轮毫无例外装用盘式制动器,而其后轮仍装用鼓式制动器,以获得高速下制动时的方向稳定性。

盘式制动器根据其固定元件的不同大体可分为钳盘式制动器和全盘式制动器两类,由于钳盘式制动器应用更为广泛,因此本节仅介绍钳盘式制动器。

钳盘式制动器由制动盘和制动钳组成。摩擦块与其金属背板组成的制动块及其促动装置装在夹钳形支架中构成了制动钳。制动钳又可分为定钳盘式和浮钳盘式两类。

定钳盘式制动器的工作原理如图 2.35 所示。它的制动钳体 3 固定在车桥 2 上,制动钳体两侧各有一个制动轮缸和活塞 7。制动时,由制动主缸来的油液经进油口 4 进入制动钳体中的两个相通的液压缸中,通过活塞将摩擦衬块压在制动盘上,使车轮减速,以致停车。

浮钳盘式制动器的工作原理如图 2.36 所示。它的制动钳体 1 是浮动的,可以相对于制动盘 4 做轴向移动。它只在制动盘的内侧设置液压缸,用以驱动内侧制动块,而外侧的制动块附装在制动钳体上,随制动钳体做轴向移动。制动时,内侧活塞及摩擦片在液压作用力 F_1 作用下,向左移动压向制动盘 4。同时,液压的反作用力 F_2 推动制动钳体 1 向右移动,使外侧摩擦片也压靠到制动盘 4 上,以实现制动效果。

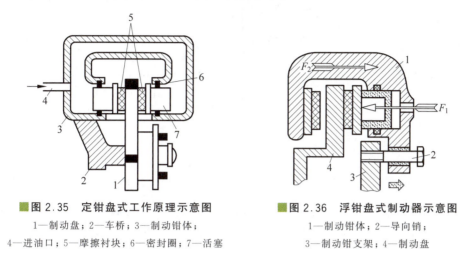

■图 2.35 定钳盘式工作原理示意图
1—制动盘;2—车桥;3—制动钳体;
4—进油口;5—摩擦衬块;6—密封圈;7—活塞

■图 2.36 浮钳盘式制动器示意图
1—制动钳体;2—导向销;
3—制动钳支架;4—制动盘

2.4.3 制动助力系统

制动助力系统可帮助驾驶员提供制动力,按助力能源可分为伺服制动系统和动力制动系统。

1. 伺服制动系统

伺服制动系统是在人力液压制动系统的基础上加设一套动力伺服系统形成的,即是兼用人力和发动机作为制动能源的制动系统。在正常情况下,制动能量大部分由动力伺服系统供给;而在动力伺服系统失效时,还可全靠驾驶员供给。

伺服制动系统按伺服能量的类型可分为真空伺服式、气压伺服式和液压伺服式 3 种。本节仅对真空伺服制动系统进行介绍。

伺服制动系统按其对控制装置的操作方式不同,又可分为助力式和增压式两类。前者中的伺服系统控制装置用制动踏板机构直接操纵,其输出力也作用于液压主缸;后者中的伺服系统控制装置用制动踏板机构通过主缸输出的液压操纵,且伺服系统的输出力与主缸液压共同作用于一个中间传动液缸,使该液缸输出到轮缸的液压远高于主缸液压。

真空助力伺服制动系统的工作原理如图 2.37 所示。系统内的真空伺服气室 3 中有膜片将其分为前、后腔,前腔通过真空单向阀 8 与发动机进气管相通,后腔与外界空气相通,两腔内有通道相连。发动机工作以后,真空单向阀被吸开,真空伺服气室 3 前、后腔内都将产生一定真空度。此时若操纵制动踏板机构 1,制动踏板机构将进而操纵控制阀 2 将伺服气室的前、后腔的相连通道关闭,并将后腔进气阀打开,后腔进入空气与前腔产生真空度差值,形成推力。该推力将直接作用于制动主缸 4,以助踏板力之不足。

真空增压伺服制动系统的工作原理如图 2.38 所示。发动机工作时,在进气管中的真空度作用下,真空罐 10 中的空气经真空单向阀 11 被吸入发动机,因而罐中产生并积累一定的

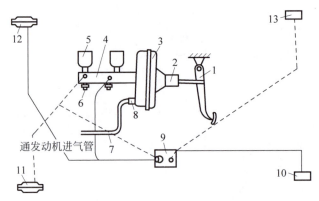

■ 图 2.37　真空助力伺服制动系统示意图

1—制动踏板机构；2—控制阀；3—真空伺服气室；4—制动主缸；5—储液罐；6—制动信号灯液压开关；
7—真空供能管路；8—真空单向阀；9—感载比例阀；10—左后轮缸；11—左前轮缸；12—右前轮缸；13—右后轮缸

真空度，作为制动伺服的能源。踩下制动踏板时，制动主缸 3 的输出液压首先传入辅助缸 5，一面作为制动促动压力传入制动轮缸 1、9，一面又作为控制压力输入控制阀 6。控制阀在主缸液压控制下，使真空伺服气室 8 的工作腔通真空罐或通大气，并保证伺服气室输出力与主缸液压、制动踏板力和踏板行程成递增函数关系。真空伺服气室的输出力与来自主缸的液压作用力一同作用于辅助缸。

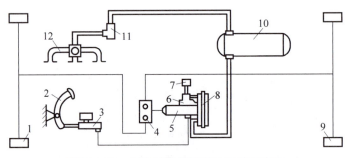

■ 图 2.38　真空增压伺服制动系统示意图

1—前制动轮缸；2—制动踏板机构；3—制动主缸；4—安全阀；5—辅助缸；6—控制阀；7—进气滤清器；
8—真空伺服气室；9—后制动轮缸；10—真空罐；11—真空单向阀；12—发动机进气管

2. 动力制动系统

动力制动系统中，用以进行制动的能量是空气压缩机产生的气压能或由液压泵产生的液压能，而空气压缩机或液压泵则由汽车发动机驱动，所以动力制动系统是以汽车发动机为唯一制动初始能源的，驾驶员的肌体仅作为控制能源，而不是制动能源。

动力制动系统可分为以下 3 种类型：

(1) 气压制动系统：供能装置和传动装置全部是气压式的。控制装置大多数是由制动踏板机构和制动阀等气压控制元件组成，也有的在踏板机构和制动阀之间还串联有液压式操纵传动装置。

(2) 气顶液制动系统：供能装置和控制装置与气压制动系统的相同，传动装置包括气压式和液压式两部分。

(3) 全液压动力制动系统：除制动踏板机构外，其供能、控制和传动装置全是液压式的。

2.4.4 制动力调节系统

在附着条件许可的情况下，制动力越大越有利于汽车减速。但当制动力超过附着力时，车轮就将停止转动，在地面上做纯滑移运动，这种情况称为"抱死"。如前轮抱死时，会使汽车失去方向操纵性，无法转向；如后轮抱死而前轮滚动时，会使汽车失去方向稳定性，丧失了对侧向力的抵抗能力而侧滑。因此有必要调节制动力，避免前轮或后轮单独抱死滑移，以获得良好的制动稳定性；且让前后制动轮的制动力都接近最大值，以获得最大的制动效能。本节将介绍几种具有代表性的制动力调节系统[1][2]。

1．ABS

ABS（Antilock Brake System，制动防抱死系统）大体由轮速传感器、电子控制器和液压部件三部分组成，结构如图2.39所示。其工作过程有以下几种。

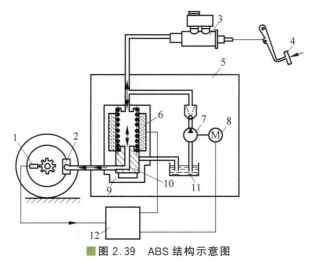

■ 图2.39 ABS结构示意图

1—车速传感器；2—制动轮缸；3—制动主缸；4—制动踏板；5—液压调节器；6—电磁线圈；
7—液压泵；8—电动机；9—电磁阀；10—柱塞；11—储液器；12—电控单元

(1) 常规制动时：电磁阀9不通电，柱塞10处于图示最下方。制动主缸3和制动轮缸2相通，制动主缸可随时控制制动压力的增减。

(2) 轮缸减压过程：当车速传感器1向电控单元12输入车轮有抱死信号时，ABS开始工作，输入电磁阀较大电流，柱塞移至上端，制动主缸和制动轮缸通路截断，制动轮缸和储液器11相通，制动液流入储液器，制动压力降低。此时，驱动电动机8，带动液压泵7工作，把流回储液器的制动液加压后输送到制动主缸，为下一个制动周期做好准备。

(3) 轮缸保压过程：当车速传感器输出抱死信号后，电磁阀通以有限电流，柱塞移至所有通路都将被截断的位置，以保持系统压力。

(4) 轮缸增压过程：压力降低后，车轮转速加快，则电控单元切断通往电磁阀的电流，柱塞回到最下方，制动主缸和制动轮缸再次相通，制动液再次进入制动轮缸，制动压力得到提高。

2. EBD

尽管 ABS 可以使汽车的制动状态始终处于最佳点,但在紧急制动时,制动力会达到将要抱死的极限值,此时 ABS 电磁阀开始高频率地调节制动压力,必然引起制动摩擦片高频振动和产生噪声,制动踏板也产生强烈弹脚反应,此即谓:"制动器和制动踏板的振噪感觉"。为了解决上述问题,EBD(Electronic Brake force Distribution,电控制动力分配系统)应运而生。

EBD 实际上是 ABS 的辅助功能,是在 ABS 的控制计算机里增加一个控制软件,机械系统与 ABS 完全一致。它只是 ABS 系统的有效补充,一般和 ABS 组合使用,可以提高 ABS 的功效。EBD 可以在汽车制动的瞬间,高速计算出 4 个轮胎由于附着不同而导致的摩擦力数值,然后调整制动装置,使其按照设定的程序在运动中高速调整,达到制动力与摩擦力的匹配,以保证车辆的平稳和安全。当紧急制动车轮抱死的情况下,EBD 在 ABS 动作之前就已经平衡了每一个车轮的有效地面附着力,可以防止出现甩尾和侧移,并缩短汽车制动距离。

3. ASR

ASR(Acceleration Slip Regulation,汽车驱动防滑系统)是 ABS 系统功能的延伸和补充,它与 ABS 之间有许多相同之处,主要部件可以通用或共用。ASR 的作用是防止汽车加速过程中的打滑,特别防止汽车在非对称、摩擦力较小的路面或在转弯时驱动轮的空转。ASR 由轮速传感器、节气门位置传感器、制动压力调节器、节气门驱动装置和电控单元组成,如图 2.40 所示。它可以在驱动轮打滑时对比各车轮转速,电控单元判断出驱动轮打滑,自动立刻减少节气门进气量,降低发动机转速,从而减少动力输出,对打滑的驱动轮进行制动,将驱动车轮的滑转率控制在目标范围之内。

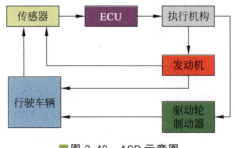

■图 2.40　ASR 示意图

4. ESP

ESP(Electronic Stability Program,车身电子稳定系统)是 ABS、ASR、EBD 功能的综合与延伸。它由转向传感器、轮速传感器、侧滑传感器、横向加速度传感器和控制单元等部件组成。通过对从各传感器传来的车辆行驶状态信息进行分析,然后向 ABS、ASR 发出纠偏指令,帮助车辆维持动态平衡。ESP 可以使车辆在各种状况下保持最佳的稳定性,在过多转向或不足转向的情形下效果更加明显。可以在没有踩制动踏板的情况下向轮缸输出制动压力。当 ESP 的传感器检测到车辆发生不足转向时,ESP 会额外对内侧车轮施加更多制动力,制动效果如图 2.41 所示;如果是发现车辆过多转向,则 ESP 会额外对外侧车轮施加更多制动力,制动效果如图 2.42 所示。

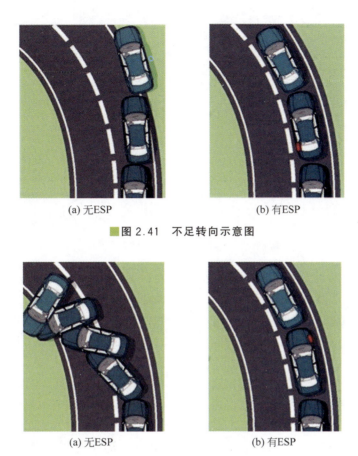

(a) 无ESP　　　　　　　　(b) 有ESP

■ 图 2.41　不足转向示意图

(a) 无ESP　　　　　　　　(b) 有ESP

■ 图 2.42　过多转向示意图

2.5　汽车线控系统技术

2.5.1　概述

汽车线控技术(X-by-wire)起源于飞机的电传操纵系统[1],飞行员不再通过传统的机械回路或液压回路来控制飞机的飞行姿态,而是通过安装在操纵杆处的传感器检测飞行员施加在其上的力和位移,并将其转换为电信号,在 ECU 中将信号进行处理,然后传递到执行机构从而实现对飞机的控制。随着线控技术的发展,这一技术逐渐应用到汽车,部分汽车线控系统示意图如图 2.43 所示。汽车线控技术就是将驾驶员的操纵动作经过传感器转变为电信号,通过电缆直接传输到执行机构的一种系统。目前,汽车的线控技术主要有线控转向系统、线控油门系统、线控制动系统、线控悬架系统、线控换挡系统以及线控增压系统等,通过分布在汽车各处的传感器实时获取驾驶员的操作意图和汽车行驶过程中的各种参数信息,传递给控制器,控制器将这些信息进行分析和处理,得到合适的控制参数传递给各个执行机构,从而实现对汽车的控制,提高车辆的转向性、动力性、制动性和平顺性。

与传统的机械控制系统相比,线控系统采用了完全不同的控制方式,有着机械控制系统

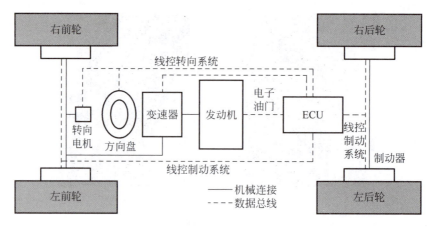

图 2.43　部分汽车线控系统示意图

无可比拟的优点。汽车更加轻便,采用线控系统之后,舍去了传统的机械控制装置,一方面极大地减轻了汽车的整备质量,降低了汽车的能源消耗,也减少了汽车的噪声和振动,另一方面,传统机械装置的去除以及电线布置的灵活性也节省了大量的空间,提高驾驶员和乘客的乘坐舒适性,也有利于实现模块化的底盘设计。控制更为精确,由于采用传感器实时收集汽车的各项参数,驾驶员动作的行程,需要调节的程度也可以通过传感器准确地记录,控制的精度高。操作更加便捷,驾驶员仅仅通过调节某些按键即可在汽车内部实现一系列复杂的操控,大大降低了操纵的复杂程度。控制策略更加丰富,可以实现对底盘多个子系统的协调控制,以提高汽车的各项性能。生产制造更加简单,线控技术在汽车上的发展可以极大地简化汽车的生产、装配和调试过程,节约生产成本和开发周期,也有利于汽车生产企业根据用户需求的不同进行个性化的定制。安全性大大提高,采用线控转向系统的汽车,由于舍去了传统的转向轴,当汽车发生撞击时,减少了机械部件对驾驶员的伤害。系统工作效率大大提高,汽车内部各种信息都是通过电信号进行传输,极大地提高了信息传递的效率,控制更加迅速,响应更加灵敏。

　　随着线控技术的不断发展,各个线控系统的独立控制往往会造成系统的冗杂、资源的浪费,并且汽车的各项性能往往是各种因素共同作用的结果,提高汽车的各种性能也应该由各个系统进行协调控制。因此在将来,各线控系统不再是独立的系统,而是相互之间的协调控制和底盘集成控制。由于线控系统需要汽车强大的电力供应来保证,随着电动汽车的发展,在电动汽车上采用线控技术具有更大的优势。随着自动驾驶技术的发展,线控系统将成为计算机控制汽车最为有效的工具。

2.5.2　汽车线控的关键技术

1. 传感器技术

　　线控系统要做出正确的决策必须要有准确的信息作为保障,汽车的车速、发动机的转速、进气压力、节气门位置、变速器的挡位等信息都是由传感器获得的,传感器的精度和可靠性直接影响整个线控系统的控制效果。因此设计研发精度高、可靠性好、成本低、体积小的传感器对汽车线控系统的发展有着重大意义。随着汽车传感器在汽车电子控制领域的广泛应用,汽车传感器正沿着微型化、多功能化、集成化和智能化的方向发展。

微型传感器的安装可以不受空间大小的制约,能耗更低,受外界环境的干扰也更小。在该领域比较有代表性的技术是 Mems 技术,利用微电子机械加工技术将微米级的敏感元件、信号处理器、数据处理装置封装在同一芯片上,具有体积小、价格便宜、可靠性高等特点,并且可以明显提高系统测试精度。因为 Mems 微型传感器在降低汽车电子系统成本及提高其性能方面的优势,已开始逐步取代基于传统机电技术的传感器。

智能传感器是通过工艺技术手段将传感器与微处理器两者紧密结合,将传感器的敏感元件及其信号调理电路与微处理器集成在一块芯片上的新型处理器,它不仅能够实现传统传感器的功能,还能充分利用微处理器的计算和存储能力。不但可以对传感器的测量数据进行计算、存储、数据处理,还可以通过反馈回路对传感器进行调节,大大提高了传感器的精度。由于微处理器充分发挥各种软件的功能,可以完成硬件难以完成的任务,从而大大降低了传感器制造的难度,提高传感器的性能,降低成本。

2. 容错控制技术

为了提高汽车的可靠性和安全性,汽车线控系统必须采取容错控制,即当有些部件出现故障或失效的时候,它们在系统中的功能可以用系统中的其他部件部分或完全代替,使系统能继续保持规定的性能或不丧失最基本的功能,或进一步实现故障系统的性能最优。

图 2.44 是容错控制系统的控制原理图,系统收集来自执行器、被控对象和传感器传来的故障信息,进行故障检测然后把检测的结果传输到容错控制器,由容错控制器对控制系统进行修正。容错控制分为被动容错控制和主动容错控制,被动容错控制基本思想是在不改变控制器和系统结构的条件下,从鲁棒控制思想出发设计控制系统,使其对故障不敏感。其特点是不管故障发生不发生,它都采用不变的控制器保证闭环系统对特定的故障具有鲁棒性。因此被动容错控制不需要故障诊断单元,不需要任何实时的故障信息。从处理不同类型故障分,被动容错控制有可靠镇定、联立镇定和完整性三种类型。主动容错控制是在故障发生后根据故障情况对控制器的参数重新调整,甚至还要改变结构。主动容错控制对发生的故障能够进行主动处理。因此主动容错控制需要设计较多的控制算法,能够更大限度地提高控制系统的性能。

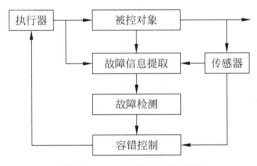

■ 图 2.44 容错控制原理图

3. 汽车行驶状态和参数的估计

汽车线控系统的实现需要很多汽车行驶状态和参数的保障,而这些参数一部分是通过传感器测得的,像车速、发动机转速、方向盘转角等,但是很多参数是传感器无法直接测得的,例如路面的附着系数、制动时轮胎的滑移率、前后轮侧偏角,以及车轮纵/侧垂向力等[2]。即使传感器可以测得的参数也会受到传感器精度的影响,例如存在标定误差以及温度漂移误差的影响,这些参数往往需要经过处理才能使用[3]。针对汽车行驶状态和参数,国内外学者做了大量的研究,包括采用线性观测器、鲁棒观测器、滑模观测器和龙贝格观测器以及卡尔曼滤波算法来进行估计和预测。由于模型往往采用的是比较固定的参数,因此与实时变化的实际情况存在着一定的差距。

4. 汽车网络技术

随着线控系统数量的增多,各线控系统不可能独立工作,例如转向和制动就需要进行协调控制,实现资源共享减少延迟,以满足不同情况下对转向能力和制动效能的要求。因此对通信时间的离散和延时性提出了更高的要求。传统基于事件的网络通信协议当几个信息同时发送时,往往会造成网络交通拥挤,虽然可以通过仲裁机制来保证这些信息以既定的优先级发送,但往往会造成某些信息的延迟。目前基于时间触发的网络通信协议已经被汽车企业广泛采用,在明确定义的时间点执行操作,即各线控系统同步之后,每个系统在一个特定的时间窗口传送自己的信息,而不必再去竞争总线,提高了数据的传输速率和可靠性。

汽车网络技术从20世纪80年代提出以来,迄今为止,已形成了多种网络标准。目前存在的多种汽车网络标准,其侧重的功能有所不同。20世纪90年代中期,美国汽车工程师协会(SAE)按照汽车上网络系统的性能由低到高将其划分为A级、B级、C级网络,D级以上没有定义,详见表2.1。

表 2.1 汽车网络分级

类别	对象	位速率(Kb/s)	应用范围	主要总线
A	面向传感器执行器的低速网络	1~10	电动门窗、座椅调节、灯光照明等控制	TTP/A LIN
B	面向独立模块间数据共享的中速网络	10~125	电子车辆信息中心、故障诊断、仪表显示、安全气囊等系统	CAN
C	面向高速、实时闭环控制的多路传输网	125~1000	悬架控制、牵引控制、发动机控制、ABS等系统	CAN TTP/C FlexRay

在A级标准中,主要有TTP/A总线和LIN总线,其中LIN总线应用比较广泛。TTP/A协议最初由维也纳工业大学制定,为时间触发类型的网络协议,主要应用于集成了智能变换器的实时现场总线。它具有标准的UART,能自动识别加入总线的主节点与从节点,节点在某段已知的时间内触发通信但不具备内部容错功能。LIN是在1999年由欧洲汽车制造商Audi、BMW、DaimlerChrysler、Volvo、Volkswagen和VCT公司以及Motorola公司共同组成的LIN协会共同努力下推出的用于汽车分布式电控系统的开放式低成本串行通信标准,主要应用于车门、车窗、灯光等智能传感器、执行器的连接和控制,从2003年开始得到使用。LIN总线为主从节点构架,一个主节点可以支持16个从节点。支持在单根线上进行双向通信,使用由RC振荡器驱动的低成本微控制器,每一条消息都包含自动波特率步进的数据,最高可以支持的波特率为20Kb/s,同时低功耗睡眠模式可以关断总线,避免不必要的功耗。此外LIN基于UART/SCI接口协议,可以实现极低的软硬件成本。

目前,应用较为广泛的两个时间触发网络通信协议是 TTP/C 和 FlexRay。TTP/C (Time Triggered Protocol SAE Class C)是一个基于时间触发的、集成的、有容错功能的实时网络通信协议,它是以 TDMA 为媒体访问方式,Class C 代表符合汽车工程师协会(SAE)的 C 类标准。TTA (Time Triggered Architecture)经过众多科研机构和公司的合作研究,现已比较完善,逐渐从航空领域向汽车、工业控制等制造成本要求比较低的领域渗透,大众、德尔福、标致、雪铁龙等公司都采用该标准。TTP/C 网络是由一系列连接到两个冗余通道上的节点构成的;这两个通道被称为通道 0 和通道 1,每一个通道都包含一条 TTP 总线[3];一个 TTP/C 网络和与此相关的节点被称作簇(cluster),典型的 TTP/C 网络架构如图 2.45 所示,主要由主机、主机和协议控制器接口 CNI(Communication Network Interface)、TTP/C 协议控制器和总线保护器 BG(Bus Guardian)构成。

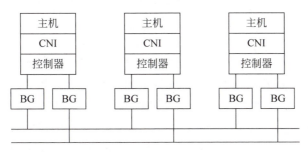

■ 图 2.45 TTP/C 网络架构[4]

2000 年 9 月,宝马和戴姆勒克莱斯勒联合飞利浦和摩托罗拉成立了 FlexRay 联盟。该联盟致力于推广 FlexRay 通信系统在全球的采用,使其成为高级动力总成、底盘、线控系统的标准协议。

FlexRay 通信原理如图 2.46 所示,ECU(Electronic Control Unit),即节点 node,是接入车载网络中的独立完成相应功能的控制单元。主要由电源供给系统(Power Supply)、主控制器(Host)、固化 FlexRay 通信控制器(Communication Controller)、可选的总线监控器(Bus Guardian)和总线驱动器(Bus Driver)组成。主处理器提供和产生数据,并通过 FlexRay 通信控制器传送出去。FlexRay 既支持时间触发访问方式也支持事件触发访问方式,具有比 TTP/C 更好的灵活性。

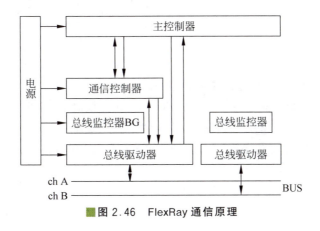

■ 图 2.46 FlexRay 通信原理

1986年，德国 Bosch 公司首次在 SAE 大会上介绍了其发明的新型串行总线——CAN 总线，经过几十年的发展，CAN 总线协议已经成为汽车计算机控制系统和嵌入式工业控制局域网的标准总线，并且拥有以 CAN 为底层协议专为大型货车、客车和重型机械车辆设计的 SAE J1939 协议。为了解决总线上信息增多产生的信息延迟现象，博世在标准 CAN 协议上扩展了支持时间触发的协议——TTCAN。由于标准 CAN 在汽车领域的成功，TTCAN 或许也将成为未来线控领域广泛应用的总线协议。

5. 汽车电源技术

随着汽车上线控系统数量的增多，传感器、控制器和执行机构也随之增多，这就需要汽车有强大的电力保证，传统的小型汽车电源都是采用 14V 电源系统，仅能提供 3kW 的功率，随着线控系统数量的增多，系统各执行器需要的功率也越来越大，因此传统的汽车电源难以保证用电需求，需要采用更高电压的汽车电源。

汽车电器数量的增多使得汽车电源从 12V 供电系统向 42V 供电系统转化已经成为必然趋势，根据欧洲的安全法规定，人体的安全电压在 50V 以内，任何超过 60V 电压的系统，在导线和连接处都要有特殊的绝缘措施，这将增加系统的重量和成本。因此，选择 42V 电压，就是希望在满足电能需要的同时，能像传统的 12V 系统一样，即使触碰到电极或金属车体时也不会对人体安全造成威胁。汽车 42V 电源实际上是由 36V 蓄电池和 42V 交流/直流发电机组成，与传统 12V 供电系统相比，传输同样的功率，只需要 1/3 的电流，极大地降低了负载的电流和能量的损耗，另外 42V 系统可以将功率提升到 8kW，极大地提高了带负载的能力。汽车更换 42V 电源系统不只是更换电源以及线束那么简单，汽车的结构、电器之间的功率匹配以及因电压升高引起的开关处的电弧现象都是需要解决的问题。

2.5.3 典型线控系统

1. 线控转向

汽车的转向系统经历了机械转向系统、液压助力转向系统、电控液压助力转向系统、电动助力转向系统的发展过程，随着线控技术的发展，线控转向技术也逐渐出现在汽车的转向系统中。世界著名的汽车及零部件厂家像宝马、奔驰、ZF、雪铁龙、德尔福和日本光洋精工等都对线控转向进行了比较深入的研究，很多汽车公司都推出了搭载线控转向的概念车。最早将线控转向技术应用到量产车型的是英菲尼迪 Q50，如图 2.47 所示。随着线控技术的不断发展，搭载具有良好操控和响应性能的线控转向系统的汽车会越来越多地出现在人们的生活中。

线控转向系统取消了方向盘和转向器之间的机械连接，直接通过电信号控制转向电机来控制汽车转向，主要由方向盘总成、转向执行总成和主控制器(ECU)3 个主要部分以及自动防故障系统、电源等辅助系统组成，如图 2.48 所示。其中，方向盘总成是由方向盘、方向盘转角传感器、扭矩传感器和路感电机组成，当方向盘转动时带动转角传感器的大齿轮转动，大齿轮带动装有磁体的两个小齿轮转动，产生变化的磁场，通过敏感电路检测这种变化产生的转角信号，通过 CAN 总线将数据发送出去。扭矩传感器的检测原理也类似。路感电机则是将主控制器传来的回正信号转化为回正力矩，向驾驶员提供路感。转向执行总成包括转向电动机、前轮转角传感器、转向器和转向拉杆等部件，其功能是快速响应主控制器

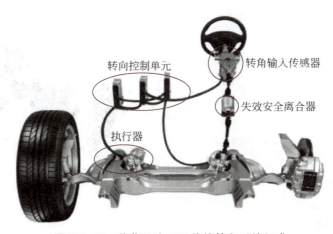

■图 2.47　英菲尼迪 Q50 线控转向系统组成

传来的转角信号,完成车辆的转向。主控制器的作用就是采集包括方向盘转角、方向盘扭矩、车速等传感器的信息,根据内部的程序,计算出合适的前轮转角发送到转向执行电机,实现车辆转向,计算出合适的回正力矩传递给路感电机,向驾驶员提供路感。

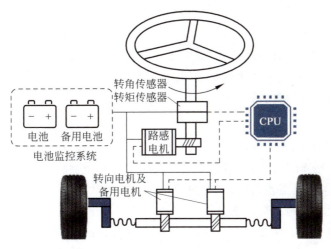

■图 2.48　线控转向系统示意图

作为线控系统的一部分,线控转向系统除了具有一般线控系统安全、轻便、控制精确的优点之外,还可以轻易地通过控制程序实现变传动比控制甚至理想传动比控制,即提高在低速时转向的灵敏性和高速时转向的稳定性,控制汽车的横摆角速度和质心侧偏角,提高转向稳定性。

2. 线控油门

线控油门也称电子油门,目前广泛应用在汽车节气门开度的控制上,传统的节气门控制主要是拉线式,将节气门和加速踏板连接在了一起,线控油门则取消了这一拉线,直接通过电子信号进行控制。20 世纪 80 年代,宝马公司就推出了电子节气门,但是由于技术不成熟,成本较高,并未在市场上广泛应用。1995 年,德尔福和博世都相继推出了自己的电子节气门,目前电子节气门已经广泛应用到汽车当中。

线控油门主要由加速踏板、加速踏板位置传感器、电子节气门体总成以及电子油门控制单元组成。加速踏板有地板式和悬挂式两种形式,结合加速踏板位置传感器能够反映驾驶员的操作意图,并将信号传递给控制单元。电子节气门总成如图 2.49 所示,主要由电机、传动齿、回拉弹簧、阀片、阀体和节气门位置传感器组成。主要功能是接收控制器的转角信号,控制阀片转动,从而改变发动机的进气量。电子油门控制单元接收加速踏板位置传感器传来的踏板深度信号,迅速做出相应决策,并计算出节气门的最佳开度,使驱动电机输出相应的转矩,调整节气门旋转到最佳开度。

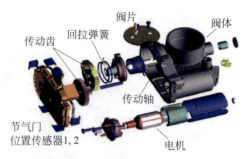

■ 图 2.49　电子节气门总成结构图

线控油门系统的工作原理是,当驾驶员踩下加速踏板时,驾驶员的操作意图被加速踏板位置传感器感知,转换为相应的电压信号,输送给电子油门控制单元,电子油门控制单元收到这个信号后,结合当前发动机的工作状态、车速等信息,通过分析和计算当前节气门的最佳开度值,控制驱动电机工作,经过齿轮机构减速后,输出相应转矩使节气门阀体转动到对应位置。同时,节气门位置传感器将此时的开度反馈给电子控制单元,实现了闭环控制,从而达到最优的控制效果。

线控油门系统除了控制精度高、结构更为简单之外,可以根据汽车的工况以及发动机的工作状态,结合驾驶员的加速踏板深度,实时调节最终的节气门位置,合理控制进气量,减少不必要的大油门,提高发动机的工作效率。

3. 线控制动

传统制动系统如图 2.50 所示,主要由真空助力器、制动主缸、储液罐、轮缸、制动鼓或制动盘构成。当踩下制动踏板时,储液罐中的制动液进入制动主缸,经过真空助力装置的加压后,通过感载比例阀分配至各轮缸,实现制动。随着智能线控系统的不断发展,汽车的制动系统作为汽车最为重要的主动安全系统之一,人们越来越意识到传统的液压制动系统已经难以满足人们对汽车制动性能的要求,因此线控制动系统也逐渐进入人们的视野。

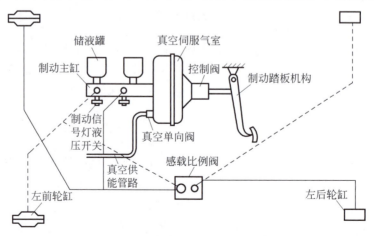

■ 图 2.50　传统制动系统结构示意图

目前的线控制动系统主要有电子液压制动系统(EHB)和电子机械制动系统(EMB)两种,与传统的制动系统不同,EHB 的制动压力不是由驾驶员的体力及真空助力器的伺服力产生的,一个典型的电子液压制动系统如图 2.51 所示。EHB 系统主要由制动踏板、电控单元 ECU 以及各种传感器组成,制动踏板和制动器之间不再是直接的液压连接,而是通过传感器接收制动踏板的行程和踏板力,并把信号传递给电控单元,驾驶员的制动意图通过制动踏板转角传感器的转角、角加速度和主缸液压力等信号来识别。液压力控制单元 HCU 是由电机、泵和高压蓄能器组成的供能系统(图中未画出),经制动管路和方向控制阀与制动轮缸相连,控制制动液流入/流出制动轮缸,从而实现制动压力控制。电机和泵向高压蓄能器中注入制动液,使高压蓄能器中的液压力保持在一定范围内,当制动时,高压蓄能器中的制动液进入轮缸中产生制动力。每一个轮缸的制动压力通过电磁阀及压力传感器实现精确调节。由于隔离阀的存在,驾驶员踩踏板时主缸中的制动液不会进入轮缸,而是进入踏板模拟器来产生一个与传统制动系统类似的踏板感觉。但是当电控系统失效时,隔离阀打开,此时主缸中的制动液进入轮缸产生制动力,从而使汽车减速。

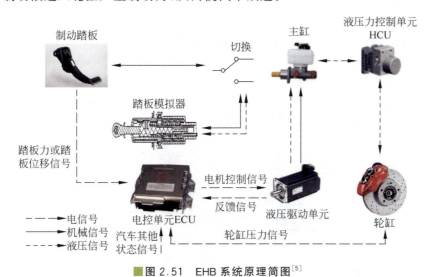

图 2.51 EHB 系统原理简图[5]

与 EHB 系统相比,EMB 制动器中,去除了所有的液压控制单元,制动执行单元即伺服电机直接安装在制动钳体上。其原理如图 2.52 所示,当 MCU 接收到制动指令后,通过车载计算机网络向制动执行单元发出驱动指令,制动执行单元内部的驱动电机通过减速机构和运动转换机构来推动制动块产生制动力。EMB 系统的主要问题是制动力不足。EMB 系统必须在轮毂中,轮毂的体积决定了电机大小,进而决定了电机功率不可能太大,而普通轿车需要 1~2kW 的制动功率,这是目前小体积电机无法达到的高度,必须大幅度提高输入电压。此外,为了保证失效安全性必须要有车载电源网络备份(如采用双电源网络)。

对于 EHB 系统来说,由于取消了制动踏板和制动器之间的液压与机械连接,大大减少了制动器起作用的时间,提高了制动效能,缩短了制动距离,并且从传统机械液压制动到 EHB 系统的改装也比较简单。但是由于仍然采用了液压控制,仍不能算是完全的线控系统,而 EMB 系统则是完全取消了液压控制,不会有液体泄漏,减少了维修成本。完全采用线控以后制动响应时间缩短至 90ms 左右,相对传统液压系统 400~600ms、电控液压 120~

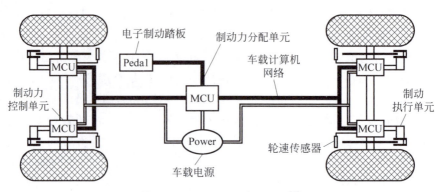

■ 图 2.52 EMB 系统原理图[6]

150ms 的反应时间优势非常明显。但是 EMB 存在的最主要的问题就是制动力矩不足,普通家用轿车一般需要 1~2kW 的制动功率,提供如此大的功率不仅对汽车电源是一个考验,更重要的是制动电机安装在轮毂中,其狭小的空间也决定了电机的体积不能太大,也限制了其功率。另外制动时产生的高温对电机的性能也是很大的考验。

早在 1999 年,德国大众汽车就设想采用电机直接推动主缸的设计,但是由于当时的电机无法满足要求,于是采用了高压蓄能器与之配合使用。博世于 2013 年去掉了高压蓄能器,直接采用电机推动主缸,这就是 iBooster 线控制动技术,如图 2.53 所示。

■ 图 2.53 博世 iBooster 线控制动系统

iBooster 制动技术的原理是当驾驶员踩下制动踏板时,输入杆会推动阀体移动,位于下方的踏板行程传感器会把踏板行程信息传递给电子控制单元,电子控制单元将踏板行程信息处理之后得到合适的制动力矩,并把制动信号传递给直流无刷电机,电机转动将制动力矩通过二级齿轮单元放大后推动助力器阀体,最终推动制动缸实现制动。

由于采用电力作为制动力来源,iBooster 制动技术的最大好处就是脱离了以前的真空助力设备,也就是不用发动机或者电动泵带动真空助力泵来帮助制动,简化了制动系统。同时,这套新技术也可以与再生制动等电制动手段结合,满足日常制动的要求,降低制动系统的磨损,同时也能通过电机的反向作用,弥补制动踏板在制动能量回收等状态下的力度反馈,让驾驶更为顺畅。

2.6 CAN 总线技术

2.6.1 概述

随着电子技术的不断发展以及人们对汽车安全性、舒适性、操纵稳定性以及节能环保的要求,诞生了很多新的汽车电子控制系统,同时也带来了汽车上各种线束的增多,为适应"减少线束的数量""通过多个 LAN,进行大量数据的高速通信"的需要,1986 年德国电气商博世公司开发出面向汽车的 CAN 通信协议。此后,CAN 通过 ISO 11898 及 ISO 11519 进行了标准化,现在在欧洲已是汽车网络的标准协议。经过几十年的发展,CAN 的高性能和可靠性已被认同,其应用范围目前已不仅局限于汽车行业,已经在自动控制、航空航天、航海、过程工业、机械工业、纺织机械、农用机械、机器人、数控机床、医疗器械及传感器等领域中得到了广泛应用。

目前,CAN 总线已经成为汽车上最为重要的现场总线之一,在汽车的各个控制系统中都有着广泛的应用,如图 2.54 所示。汽车总线系统的研究与发展可以分为 3 个阶段:研究汽车的基本控制系统(也称舒适总线),如照明、电动车窗、中央集控锁等;研究汽车的主要控制系统(也称动力主线),如电喷 ECU 控制系统、ABS 系统、自动变速器等;研究汽车各电子控制系统之间的综合、实时控制和信息反馈。在汽车上主要采用两种 CAN 总线,一种用于驱动系统的高速 CAN,速率一般可达到 500Kb/s,最高可达 1000Kb/s;另一种用于车身系统低速 CAN,速率是 100Kb/s。驱动系统 CAN(CAN-High,也称动力主线)主要连接对象是发动机控制器(ECU)、ABS 控制器、安全气囊控制器等,它们的基本特征都是控制与汽车行驶直接相关的系统。车身系统 CAN(CAN-Low,也称舒适总线)主要连接和控制汽车内外部照明、灯光信号、空调、刮水电机、中央门锁与防盗控制开关、故障诊断系统、组合仪表及其他辅助电器等。

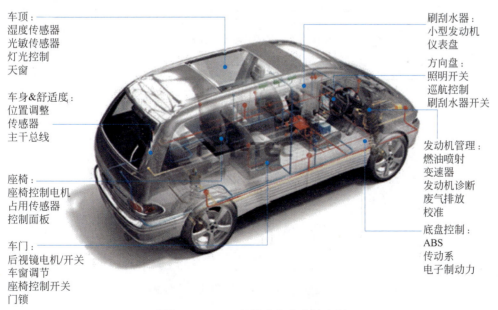

图 2.54 CAN 总线在汽车中的应用

CAN总线的广泛应用来自于其良好性能，并且经过了实践的检验，已经被列为国际通用标准。CAN总线实时性强、传输距离较远、抗电磁干扰能力强、成本低。CAN总线采用双线串行通信方式，线束和接头都比较少，降低了故障率，并且具有可靠的错误处理和检错机制，检错能力强，可在高噪声干扰环境中工作；具有优先权和仲裁功能，多个控制模块通过CAN控制器挂到CAN总线上，形成多主机局部网络，通信方式灵活；CAN网络上的节点信息分成不同的优先级，可满足不同的实时要求，提高了信息传输的效率。

2.6.2 工作原理

CAN通信是同步半双工串行通信总线，经过ISO标准化后CAN产生了基于通信速率为125Kb/s～1Mb/s的高速通信标准——ISO 11898和基于通信速率为125Kb/s的低速通信标准——ISO 11519。本节主要以ISO 11898为例进行说明。

1. CAN总线的逻辑电平

如图2.55所示，CAN总线由两条数据线组成，为了减少回波反射，CAN总线的两端都有一个120Ω的电阻，各元件分别接在这两条信号线上。CAN总线的逻辑电平如图2.56所示，CAN总线为隐性（逻辑1）时，CAN_H和CAN_L的电平都为2.5V（电位差为0V）；CAN总线为显性（逻辑0）时，CAN_H和CAN_L电平分别为3.5V和1.5V（电位差为2.0V）。两条信号线的显隐性是线"与"的关系，即同时传送显性和隐性位时，总线呈现显性状态；同时传送显性状态位时，总线呈现显性状态；同时传送隐性状态位时，总线呈现隐性状态。

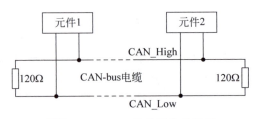

■ 图2.55　CAN总线结构示意图

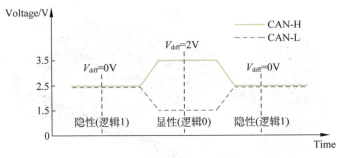

■ 图2.56　CAN总线的逻辑电平

2. CAN协议

CAN协议主要有5种帧，数据帧、远程帧、错误帧、过载帧和帧间隔。各种帧的用途如表2.2所示。

表 2.2 帧的种类和用途

帧	帧 用 途
数据帧	用于发送单元向接收单元传送数据的帧
远程帧	用于接收单元向具有相同 ID 的发送单元请求数据的帧
错误帧	用于当检测出错误时向其他单元通知错误的帧
过载帧	用于接收单元通知其尚未做好接收准备的帧
帧间隔	用于将数据帧及远程帧与前面的帧分离开来的帧

以数据帧为例,数据帧根据其标识符(ID)位数的不同分为标准帧和扩展帧,其中,标准帧的 ID 是 11 位,扩展帧的 ID 是 29 位,标准帧和扩展帧的结构组成如图 2.57 所示,其中 D 表示显性电平,R 表示隐性电平,D/R 表示既可以是显性电平又可以是隐性电平。

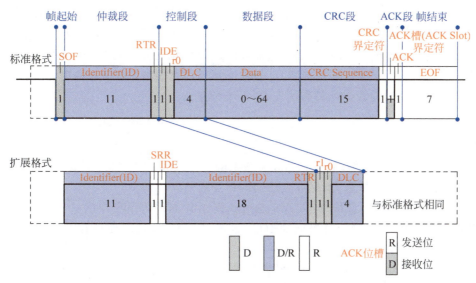

图 2.57 数据帧的组成

数据帧一般有 7 段,分别是帧起始段、仲裁段、控制段、数据段、CRC 段、ACK 段以及帧结束段。其中帧起始段是表示数据帧开始的段,标准帧和扩展帧都是以 1 位显性电平表示帧的开始。仲裁段是表示数据优先级的段,标准帧的仲裁段由 11 位 ID 和 RTR 位组成,扩展帧由 29 位 ID 和 RTR、SRR、IDE 位组成。其中 RTR 位用于标识是否远程帧(0 为数据帧,1 为远程帧),SRR 位为代替远程请求位,代替了标准帧的 RTR 位,IDE 为标识符选择位(0 为使用标准标识符,1 为使用扩展标识符)。控制段有 6 个数据位组成,在标准帧中,由 IDE、r0 和 DLC 组成,在扩展帧中,由 r0、r1 和 DLC 组成。r0 和 r1 是以显性电平的保留位,DLC 段表示数据的长度。标准帧和扩展帧的数据段、CRC 段、ACK 段以及帧结束段的结构是完全相同的,数据段是由 8 字节组成,传感器中的数据便存储在数据段中。CRC 段用于检查帧传输错误,由 15 位 CRC 顺序和 1 位 CRC 界定符组成。ACK 段用于确认是否正常接收,由 ACK 槽和 ACK 界定符组成。帧结束段是由 7 个隐性位组成。

3. CAN 的位时序

CAN 总线通信协议的每一帧可以看作一连串的电平信号,每一个电平信号代表一位,一帧中包含了很多位,由发送单元在非同步的情况下发送的每秒钟的位数称为位速率。一位又分为 4 段,同步段(SS)、传播时间段(PTS)、相位缓冲段 1(PBS1)、相位缓冲段 2(PBS2)。

4. 数据的发送和接收

CAN 总线上的节点向总线发送数据时,都是以报文的形式发送到总线上的每一个节点,对于总线上的每一个节点,无论数据是否发给自己,都会对数据进行接收。具体来说,当某个节点向另一个节点发送数据时,首先该节点把数据和自己的标识符传送给自己的 CAN 芯片,当节点收到总线分配后,转为发送报文状态,CAN 芯片将节点的数据组织成报文的格式发出,其他节点处于接收状态。每个处于接收状态的节点对接收到的报文进行检测,判断报文是否是发给自己的,以确定是否有效处理。

由于 CAN 总线上任意节点可在任意时刻主动地向网络上其他节点发送信息而不分主次,因此可在各节点之间实现自由通信。当总线上挂载很多节点时,总线上信息就会增多,多个单元同时开始发送时,各发送单元从仲裁段的第一位开始进行仲裁。连续输出显性电平最多的单元可继续发送。具有相同 ID 的数据帧和远程帧在总线上竞争时,仲裁段的最后一位(RTR)为显性位的数据帧具有优先权,可继续发送。

2.6.3 工作特点

(1) 多主竞争式的总线结构。CAN 总线上的节点没有主从之分,所有的节点可以在任意时刻向其他节点发送信息,实现节点之间的相互通信。

(2) 取消了单元的地址信息。CAN 总线不同于其他总线很重要的一点就是不再使用地址将节点进行编码,而是通过报文的 ID 来区分每个节点,这就使得在 CAN 总线上的节点数量在理论上几乎不受限制。

(3) 独特的逐位冲突仲裁原则。当多个节点同时发送消息时,为了避免总线上发生冲突,CAN 总线的仲裁机制便会发生作用。在报文仲裁段,显性电平多的报文优先级最高。可以根据消息的重要性进行优先级的安排,例如在无人驾驶汽车上,很多传感器的信号都会汇总到 CAN 总线上去,但是不同的传感器的信息的紧急程度不同,因此,不重要的信息可以将优先级安排得小一些。

(4) 自我诊断功能。CAN 总线可以对自身的状态进行检测,包括 CRC 错误、应答错误、固定位错误、填充错误和形式错误等。当检测到错误时,CAN 控制器会即刻在下一位发出错误帧,根据发生的错误的不同,设备可能处于错误主动状态、错误被动状态以及总线关闭状态。

2.6.4 SAE J1939 协议

SAE J1939 协议(以下简称"J1939 协议")是美国工程师协会(SAE)基于 CAN2.0B 协议制定的针对商用车的 CAN 总线通信协议,主要适用于客车、载货汽车、特种车以及工程机械。开放式通信系统互联参考模型(OSI)将计算机的网络体系划分为物理层、数据链路层、网络层、传输层、会话层、表示层和应用层。J1939 协议包括了物理层、数据链路层、网络层以及应用层。

1. 物理层

物理层定义电气接口和物理介质，包括接口所用的连接器的尺寸、引脚数目和排列、固定装置、每条电缆电平的范围和代表意义。由于 J1939 协议是在 CAN2.0B 的基础上发展而来的，因此，物理层也基本相同，表 2.3 列出了部分物理层的规定。

表 2.3　SAE J1939 物理层

项目	内容
物理介质	屏蔽双绞线
终端电阻	最远端两个节点各匹配一个 120Ω 电阻
最大传输距离	40m
挂载节点数量	考虑到总线的电气负担，一般最多允许 30 个
信号传输方式	差动电压
总线电平	显性(逻辑 0，CANH3.5V，CANL1.5V)，隐性(逻辑 1，CANH＝CANL＝2.5V)

2. 数据链路层

前面已经介绍了 CAN 的数据帧的组成结构和功能，一个 CAN 的数据帧主要由帧起始段、仲裁段、控制段、数据段、循环冗余校验 CRC 段、应答 ACK 段和帧结束段组成，而协议是通过协议数据单元(PDU)进行传输，协议数据单元由 7 部分组成，分别是优先权、保留位、数据页、PDU 格式、PDU 特定域、源地址和数据域。表 2.4 介绍了协议数据单元的组成。

表 2.4　J1939 协议数据单元

域	P	R	DP	PF	PS	SA	DATA
作用	优先权	保留位	数据页	PDU 格式	PDU 特定域	源地址	数据域
位数/B	3	1	1	8	8	8	8

优先级有 3 个位，最高优先级是 000，最低优先级是 111，默认优先级为 011，根据 3 个位的优先级来优化报文的延迟。PGN(参数组编号)包括 R、DP、PF 和 PS 4 个部分，PDU 格式代表当 PF 值小于 240 时为 PDU1 格式，此时 PDU 特定域是目标地址(DA)，当 PF 值大于等于 240 小于 255 时为 PDU2 格式，此时 PDU 特定域是组扩展(GE)的值。

3. 网络层和应用层

网络层定义了网段之间的连接协议，当同时存在不同传输速度或使用不同传输介质的多个网段时，必须有至少一个网络互联电控电源提供一个网段到另一个网段的报文传递功能。主要由中继器、网桥、路由器和网关等组成，其功能包括报文转发、报文过滤、波特率转换、地址翻译、协议转换。

中继器的作用是增强数据信号，使数据传输更远，网桥的作用是分割网络数据流以减少每个网络分支的数据信息流量，提高网络的效率和可靠性。路由器不仅具备网桥的全部功能，而且还可以使其连接的不同网段具有独立的地址空间。网关可以在不同协议或报文集的网段之间传送数据。

应用层为应用过程访问OSI环境提供了一种方法,包括支持应用的管理功能和通用的机制。它以PGN和SPN的方式具体规定了车辆使用的每个参数的数据长度、数据类型、分辨率和数据范围等。

2.6.5 百度自动驾驶汽车的线控技术应用

自动驾驶汽车通过车载的各种传感器获取自身和环境的信息,然后进行决策和控制。这些信息的获取和处理都是以电信号的形式进行传输,要想实现汽车各执行机构的动作,就要求这些执行机构能够识别ECU传来的控制信号并做到精确控制,因此自动驾驶和线控技术有着密不可分的关系。目前很少有自动驾驶汽车采用"驾驶机器人"的方式(即不改变或很少改变汽车内部构造,直接在汽车方向盘、制动踏板、加速踏板上加装执行机构),绝大多数自动驾驶汽车都采用了线控技术进行整车的控制,下面介绍线控技术在百度Apollo自动驾驶汽车上的应用。

1. 线控转向系统

百度Apollo自动驾驶汽车的线控转向系统具有转向控制、转向反馈、人工接管和越界处理等功能。转向控制的信号有使能信号、目标方向盘转角和目标方向盘转速三种。使能信号是用于人工驾驶和自动驾驶的切换,目标方向盘转角和目标方向盘转速信号的作用是在自动驾驶模式下控制汽车的转向角度和速度。转向角度的设定范围因车而异,角度误差控制在0.6°以内,超调时间小于200ms,转角速度设定范围为0~500deg/s。转向反馈是把汽车实际的方向盘转角转速、当前的驾驶模式以及车体-牵引箱的相对角度反馈到决策中心。人工接管的作用是当驾驶员施加在方向盘上的扭矩超过该门限值(例如2~4N·m)且达到一定时间后,转向控制切换到人工驾驶模式,退出线控转向自动驾驶模式后,转向使能上升沿触发再次进入线控转向自动驾驶。越界处理的作用是越界拒绝执行,并退出自动驾驶模式。

2. 线控驱动系统

在汽车的线控驱动方面,百度Apollo自动驾驶汽车具有驱动控制、驱动反馈、人工接管和越界处理等功能。驱动控制的信号有使能信号、目标加速踏板位置、车辆目标纵向加速度和车辆目标驱动转矩,通过获取总线上的这些目标控制数据来进行汽车驱动的控制。同样驱动反馈也是将汽车的加速踏板位置、发动机转速、汽车车速、轮速、加速度等信息反馈给决策中心。

3. 线控制动和线控挡位系统

线控制动的功能有制动控制、制动反馈、人工接管和越界处理等。制动控制信号除了使能信号外还有制动踏板目标位置信号、目标减速度以及制动灯控制信号。通过这些目标量控制汽车的制动。制动反馈同样也是反馈当前驾驶模式、制动踏板位置、制动灯状态等信息,以供决策中心处理。

线控挡位功能包括挡位控制和挡位反馈。挡位控制就是控制汽车切换到要求的挡位,其信号主要有使能信号、目标挡位、当前挡位、驻车控制使能等,其中目标挡位指示将要切换的挡位P、R、D、N。挡位反馈是将汽车的挡位信息反馈给决策中心。

4. 其他线控系统

其他线控系统主要是对灯光、刮水器和喇叭的控制。线控灯光主要是对转向灯、远近光灯、危险报警闪光灯的控制以及这些状态的反馈。刮水器主要控制刮水器的速度和模式,喇叭控制是控制喇叭的状态、鸣笛时间的长短。

参考文献

[1] 饶剑,黄妙华,刘飞. 汽车线控技术的应用及关键技术[J]. 汽车电器,2005(9): 1-4.
[2] 王建锋,李平. 基于多信息融合的车辆状态参数估计[J]. 计算机仿真,2013,30(11): 131-136.
[3] 郭洪艳,陈虹,赵海艳,杨斯琦. 汽车行驶状态参数估计研究进展与展望[J]. 控制理论与应用,2013,30(06): 661-672.
[4] 段伯轩. 基于TTP/C协议线控刹车系统仿真的设计与实现[D]. 吉林大学,2004.
[5] (2018-7-26).[2018-9-21]. https://www.auto-testing.net/news/show-98140.html
[6] 左斌. 汽车电子机械制动(EMB)控制系统关键技术研究[D]. 浙江大学,2014.
[7] 关文达. 汽车构造[M]. 北京: 机械工业出版社,2011.
[8] 惠有利. 汽车构造[M]. 北京: 北京理工大学出版社,2016.
[9] 王正键. 现代汽车构造[M]. 广州: 华南理工大学出版社,2006.
[10] 陈家瑞. 汽车构造 上[M]. 北京: 机械工业出版社,2001.
[11] 陈家瑞. 汽车构造 下[M]. 北京: 机械工业出版社,2001.
[12] 段敏. 电动汽车技术[M]. 北京: 北京理工大学出版社,2015.
[13] 周华英,陈晓宝. 纯电动汽车结构与原理[M]. 北京: 北京理工大学出版社,2016.
[14] 陈清泉. 现代电动汽车技术[M]. 北京: 北京理工大学出版社,2002.
[15] 杨波. 重型汽车传动系统结构分析与优化设计[D]. 武汉理工大学,2006.
[16] (2016-09-09). https://wenku.baidu.com/view/1ed307305fbfc77da369b-130.html.
[17] (2012-03-27). http://www.docin.com/p-371539004.html.
[18] (2012-12-29). https://wenku.baidu.com/view/1fb53f22cfc789eb172dc-8bb.html.
[19] (2012-04-10)http://www.docin.com/p-379596457.html.
[20] (2008-12-28)http://www.docin.com/p-5484352.html.
[21] (2011-10-18)http://jz.docin.com/p-274735510.html.
[22] (2010-02-24)http://www.docin.com/p-44729622.html.
[23] 司马镇平. 轻型自卸车上采用气制动系统的制动稳定性研究[D]. 大连理工大学,2003.
[24] 李爽,孙克怡. 汽车网络的分类及发展趋向[J]. 单片机与嵌入式系统应用,2006(02): 5-8.
[25] (2019-04-13)http://blog.sina.com.cn/u/1374001060.
[26] (2013-04-16)https://wenku.baidu.com/view/97527b8384868762-caaed532.html.
[27] (2010-5-24)http://bbs.gg163.net/forum.php?mod=viewthread&tid=212589&page=1&authorid=81866.
[28] 孙余凯,吴鸣山,项绮明. 汽车车载网络系统简介(一)[J]. 电子世界,2011(01): 22-25.
[29] 彭聪,柴小丽,余新胜,李红海. 基于FPGA的车电总线接口技术研究[J]. 计算机工程,2014,40(01): 309-314.
[30] 丁在明. 汽车42V电源系统的应用分析探讨[J]. 电子测试,2014(02): 132-133.
[31] 罗峰,苏剑,袁大宏. 汽车网络与总线标准[J]. 汽车工程,2003(04): 372-376.
[32] 谢刚,孟广耀. 电动助力转向系统的完整性鲁棒容错控制策略研究[J]. 机械科学与技术,2011,30(03): 429-434.

［33］ 冯蕾琳.传感器在汽车中的应用现状及发展趋势[J].网络财富,2010(22):229-230+234.
［34］ 徐作华.浅谈智能传感器的典型应用[J].科技资讯,2012(29):3.
［35］ 王锦.基于STM32处理器的数据的传输显示及控制[D].西安工程大学,2015.
［36］ 齐世迁.混合制动系统及其EBD/ABS控制研究[D].吉林大学,2017.
［37］ 韦智元.汽油机电子油门控制方法与实验研究[D].北京建筑大学,2018.
［38］ 阴雪苗.电动汽车电机状态及故障远程监测系统设计[D].贵州大学,2018.
［39］ （2018-3-25）https://wenku.baidu.com/view/04195e26876fb84ae45c3b3567ec102de2bddfcf.html?from＝search.
［40］ （2016-6-23）https://blog.csdn.net/xiaoxiaopengbo/article/details/73649819.
［41］ （2011-5-10）https://wenku.baidu.com/view/a60a4bb565ce050876321370.html.
［42］ （2016-11-12）https://blog.csdn.net/roslei/article/details/53142103.

第3章 自动驾驶汽车技术架构

3.1 自动驾驶汽车整体架构

汽车自动驾驶技术,是依靠计算机与人工智能技术在没有人为操纵的情况下,完成完整、安全、有效的驾驶的一项前沿科技。在21世纪,由于汽车用户的不断增加,道路交通面临的拥堵、安全事故多发等问题越发严重。自动驾驶技术在车联网技术和人工智能技术的支持下,能够协调出行路线与规划时间,从而大幅度提高出行效率,并在一定程度上减少能源消耗。自动驾驶汽车同时还能减少醉驾、疲劳驾驶等安全隐患,减少驾驶员失误,提升安全性。自动驾驶技术也因此成为世界各国近年来的一项研发重点。

自动驾驶系统是一个复杂的系统。为了实现从A地到B地的驾驶过程,在无人车的实际使用中,需要无人驾驶系统完成感知、决策、控制3大任务。1.4节对这3大任务进行了简要描述,本章就对这3大任务的3个主要系统模块进行详细介绍,这3个模块分别是环境感知系统、定位导航系统和路径规划系统,如图3.1所示。第4章介绍自动驾驶汽车的运动控制系统。

实现自动驾驶的首要条件,是通过"看"与"听"来感知汽车周围的环境情况。感知系统依赖来自传感器的大量数据,进而实现对车辆运动、环境,以及驾驶员状态行为的感知与监测。自动驾驶感知系统用到了各种各样的传感器,包括摄像头、毫米波雷达、激光雷达、超声波雷达、红外夜视,以及用于定位和导航的GNSS(全球导航卫星系统)和IMU(惯性测量单元)。还有一类技术虽然不是主动式的探测元件,但是属于协同式的全局数据辅助,可以扩展智能车的环境感知能力,在感知系统中同样扮演着不可或缺的角色。这些技术包括高精地图、V2X车联网等。每种类型的感知技术都有自己的优势和弊端,它们互相进行充分的信息融合,最终形成全面可靠的感知数据供决策与控制系统使用。

自动驾驶决策系统是人工智能大展身手的舞台。和人类驾驶员一样,机器在做驾驶决策时需要回答几个问题:我在哪里?周边环境如何?接下来会发生什么?我该做什么?决策系统要做的事情具体来说分为两

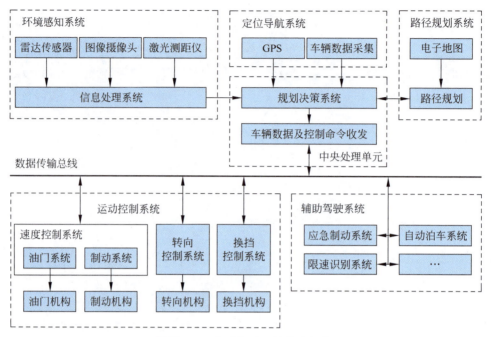

■ 图 3.1 自动驾驶系统技术架构

步,第一步是认知理解,根据感知系统收集的信息,对车辆自身进行精确定位和对车辆周围环境进行准确理解。第二步是决策规划,主要是对接下来可能发生情况的准确预测,对下一步行动的准确判断和规划,并选择合理的路径达到目标。通过这两步,无人车就能自主产生安全、合理的驾驶行为,指导运动控制系统对车辆进行控制。行为决策系统是狭义的决策系统,其根据感知层的输出信息合理决策当前车辆的行为,并根据不同的行为确定轨迹规划的约束条件,指导轨迹规划模块规划出合适的路径、车速等信息,并发送给控制层。

自动驾驶系统最终要借助对车辆的控制达到自动驾驶的目的。控制系统是自动驾驶系统的双手,负责将决策和规划落实为切实的行为。随着人们对技术要求的不断提高,真正的自动驾驶必须要将决策控制系统与车辆底层控制系统深度集成,通过线控技术完成执行机构的电控化,达到电子制动、电子驱动和电子转向,并控制车辆响应,保证控制精度,对目标车速、路径等进行跟踪。

本章主要介绍感知系统中常用的感知技术及其原理、定位系统、高精地图以及 V2X 技术的相关知识,同时介绍规划决策系统的相关技术与算法。

3.2 环境感知传感器技术

感知、决策、控制是自动驾驶的 3 个环节,感知环节采集周围环境的基本信息,也是自动驾驶的基础。自动驾驶汽车通过传感器来感知环境,所用到的传感器主要包括摄像头、毫米波雷达和激光雷达。表 3.1 列出现有的多种传感器在远距离测量能力、分辨率、温度适应性等诸多无人驾驶关键特性上的性能表现。对比可见,不同传感器各有优劣,很难在使用单传感器的情况下实现对无人驾驶功能性与安全性的全面覆盖,说明在感知系统中采用多传感器融合技术是必要的。本节分别介绍几种常见环境感知传感器,并给出一个环境感知的实例供读者参考。

表 3.1 环境感知系统采用的传感器的优缺点对比

	激光雷达	毫米波雷达	摄像头	GNSS/IMU
远距离测量能力	优	优	优	优
分辨率	良	优	优	优
低误报率	良	优	一般	优
温度适应性	优	优	优	优
不良天气适应性	较差	优	较差	优
灰尘/潮湿适应性	较差	优	较差	较差
低成本硬件	较差	优	优	良
低成本信号处理	较差	优	较差	良

3.2.1 激光雷达

激光雷达又称光学雷达(Light Detection And Ranging,LiDAR),是一种先进的光学遥感技术,它首先向目标发射一束激光,然后根据接收反射激光的时间间隔确定目标物体的实际距离,如图 3.2 所示。同时结合这束激光的发射角度,利用简单的三角函数原理推导出目标的位置信息。由于激光具有能量密度高、方向性好的特点,大多数激光雷达的探测距离达到 100m 以上。与传统雷达使用不可见的无线电波不同,激光雷达的探测介质是激光射线,使用的波长集中在 600~1000nm 之间,远低于传统雷达的波长。因为雷达具有波长越短探测精度越高的特点,故激光雷达可以用于测量物体距离和表面形状,其测量精度可达厘米级。

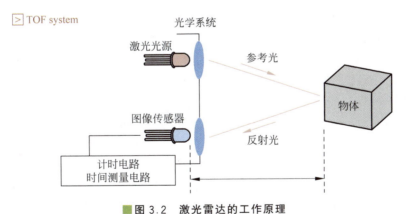

图 3.2 激光雷达的工作原理

LiDAR 系统一般分为 3 个组成部件,分别是激光发射器、扫描与光学部件、感光部件。激光发射器发射波长在 600~1000nm 的激光用于探测环境和物体。扫描与光学元件,主要用于收集发射点与反射点之间的距离,以及反射时间和水平角度。感光部件用于检测反射回来光线的强度。通过这 3 个部件的工作,激光雷达实现对目标的探测,检测的每一个点均包含点的位置信息(空间坐标 x、y、z)及返回光线的强度信息。光线强度除了与发射光强度和光线大气通过率有关外，主要与被测物体的表面光反射率直接相关，因此通过检测光强度也可以对被测物体的表面反射率有大概判断。

在无人驾驶汽车行驶过程中，LiDAR 系统并不是静止不动的，而是随着车辆移动以相对于汽车的稳定角速度转动，同时不断向周围发射激光并探测周围的物体，记录下反射点信息，以便得到无人驾驶汽车四周全方位的环境信息。LiDAR 在收集反射点距离的过程中也同时记录实时时间数据和水平角度。结合每个激光发射器已知的位置和姿态，可以计算得到所有反射点的坐标。LiDAR 每旋转一周，收集到的所有反射点坐标的集合就构成了点云。

无人驾驶汽车的定位除了接收 GNSS 系统发射回来的数据外，还依赖激光雷达生成的点云与数据库中的高精地图做比较，以得出汽车所在的精确位置，这个精度往往可以达到厘米级别。高精地图并非是指人们日常生活中所用到的数字地图的高精度版本，而是用大量点云拼接而成的大范围道路环境信息。高精地图的绘制同样依赖 LiDAR 的应用，数据采集过程主要使用专门搭载高性能 LiDAR 的数据采集车反复行驶于同一路段，收集这一路段的点云数据。后期通过人工进行修饰与更改，剔除一些错误的不应保留的信息，例如移动中的行人与车辆，或其他与道路环境无关的物体所反射的点云数据，再经过多次对齐与加工修饰，最终拼接成完整的高精地图。

利用 LiDAR 可以帮助无人车精准定位。利用以下简化的概率模型：已知 t_0 时刻的 GNSS 信息，t_0 时刻的点云信息，以及 t_1 时刻无人车可能位于的 3 个位置 P_1、P_2、P_3（为了简化问题，假设无人车会在这 3 个位置中的某一个），求 t_1 时刻车在这 3 点的概率。根据贝叶斯法则，无人车的位置的概率公式为：

$$P(X_t) \approx P(Z_t \mid X_t)\overline{P(X_t)}$$

右侧第一项 $P(Z_t|X_t)$ 表示给定当前位置，观测到点云信息的概率分布。其计算方式一般分为局部估计和全局估计两种。局部估计较简单的做法就是通过当前时刻点云和上一时刻点云的匹配，借助几何推导估计无人车在当前位置的可能性。全局估计就是利用当前时刻的点云和高精地图做匹配，可以得到当前车在地图上的位置。实际情况是两种方法往往结合使用。$\overline{P(X_t)}$ 代表对当前位置的预测的概率分布，这里可以使用 GNSS 给出的位置坐标作为预测。通过计算 P_1、P_2、P_3 3 个点的后验概率，可以估计出无人车在哪一个位置的可能性最高。通过对两个概率分布相乘，可以很大程度上提高无人车定位的精度。

激光雷达还可以联合 GNSS/IMU 与高精地图等手段进行加强定位，一方面通过 GNSS 得到初始位置信息，再通过 IMU 和车辆的 Encoder（编码器）配合得到车辆的初始位置；另一方面，将激光雷达的 3D 点云数据，包括几何信息和语义信息进行特征提取，并结合车辆初始位置进行空间变化，获取基于全局坐标系下的矢量特征。最后，将初始位置信息，激光雷达提取的特征跟高精地图的特征信息进行匹配，从而获取一个准确的定位，如图 3.3 所示。

在障碍物检测方面，机器视觉中一个较难解决的问题是判断物体距离。基于单一摄像头抓取的二维图像无法得到准确的位置信息，而基于多摄像头合成的方法又需要实时处理很大的计算量，难以满足无人车实时性的要求。此外，光学摄像头在光线不好的条件下（黑夜或昏暗的隧道内）性能很差，抓取的图像难以使用。而 LiDAR 生成的点云可以在很大程度上避免摄像头的上述问题。借助 LiDAR 本身的特性可以很好地探测反射障碍物的远

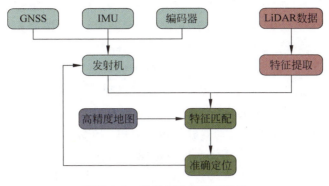

■ 图 3.3　激光雷达定位示意图

近、大小,甚至表面形状,有利于障碍物检测准确性的提高,而且在算法方面比起机器视觉算法来也比较简单,更适合无人车的需求。图 3.4 所示为激光雷达生成的点云图。

■ 图 3.4　激光雷达生成的点云图

不过,LiDAR 也不是一种完美的技术手段,它同样存在很多不足,面临更多挑战。其中有些问题对于 LiDAR 在无人车产业化上的应用可能是致命的。首先,LiDAR 的使用会受天气影响。空气中的水珠以及其他悬浮物都会对 LiDAR 的精度造成影响。实验表明,随着雨量的增大,LiDAR 的最远探测距离会线性下降。其次,激光雷达在使用过程中时刻都在产生海量的点云数据,即使是 16 线的 LiDAR 每秒钟要处理的数据点也达到了 30 万个,64 线的型号每秒产生的点数甚至超过 200 万个。LiDAR 给出的原始数据只是反射物体的距离信息,需要对所有的点进行几何变换,且在后期处理中也要进行大量的坐标系转换等工作,这些对计算硬件(CPU、GPU、FPGA 等)提出了很高的要求。最后,LiDAR 系统的造价还十分昂贵,较便宜的 16 线 LiDAR 售价也接近一万美元,这无疑将大大推高无人驾驶汽车的成本,不利于无人驾驶技术产业化。

3.2.2　摄像头

车载摄像头的工作原理,首先是采集图像,将图像转换为二维数据;然后,对采集的图像进行模式识别,通过图像匹配算法识别行驶过程中的车辆、行人、交通标志等;最后,依据目标物体的运动模式或使用双目定位技术,以估算目标物体与本车的相对距离和相对速度。

相比其他传感器，尽管无人车上配置的摄像头采集的数据量远大于 LiDAR 产生的数据量，但可以获得最接近人眼获取的周围环境信息。同时，现今摄像头技术比较成熟，在无人车上使用成本很低。但是，摄像头作为感知工具同样存在缺点。首先，基于视觉的感知技术受光线、天气影响较大，在恶劣天气和类似于隧道内的昏暗环境中其性能难以得到保障；其次，物体识别基于机器学习资料库，需要的训练样本很大，训练周期长，也难以识别非标准障碍物；此外，由于广角摄像头的边缘畸变，得到的距离准确度较低。

表 3.2 列出了当前摄像头在自动驾驶领域的应用。在无人车上使用的摄像头主要有单目、双目（立体）和环视摄像头 3 种类型。单目摄像头一般安装在前挡风玻璃上方，用于探测车辆前方环境，识别道路、车辆、行人等。先通过图像匹配进行目标识别，再通过目标物体在图像中的大小估算目标距离。这要求对目标物体进行准确识别，然后建立并不断维护一个庞大的样本特征数据库，保证这个数据库包含待识别目标物体的全部特征数据（例如三维尺寸等）。如果缺乏待识别目标物体的特征数据，就无法估算目标物体的距离。因此，单目视觉方案的技术难点主要在于模型用到的机器学习算法的智能程度或者模式识别的精度。

表 3.2 摄像头在自动驾驶领域的应用

自动驾驶辅助功能	使用摄像头	具体功能简介
车道偏离预警 LDW	前视	当前视摄像头检测到车辆即将偏离车道线时，会发出警报
前向碰撞预警 FCW	前视	当摄像头检测到与前车距离过近，可能发生追尾时，会发出警报
交通标志识别 TSR	前视、侧视	识别前方道路两侧的交通标志
车道保持辅助 LKA	前视	当前视摄像头检测到车辆即将偏离车道线时，会向控制中心发出信息，然后由控制中心发出指令，及时纠正行驶方向
行人碰撞预警 PCW	前视	前摄像头会标记前方道路行人，并在可能发生碰撞时及时发出警报
盲点监测 BSD	侧视	利用侧视摄像头，将后视镜盲区内的景象显示在驾驶舱内
全景泊车 SVP	前视、侧视、后视	利用车辆四周摄像头获取的影像，通过图像拼接技术，输出车辆周边的全景图
泊车辅助 PA	后视	泊车时将车尾的影像显示在驾驶舱内，预测并标记倒车轨迹，辅助驾驶员泊车
驾驶员注意力监测	内置	安装在车内，用于检测驾驶员是否疲劳、闭眼等

双目摄像头是通过对两幅图像视差的计算，直接对前方景物（图像所涉及的范围）进行距离测量，因此无须判断前方出现的物体是什么类型的障碍物，不用像单目摄像头那样建立并维护庞大的样本特征数据库。依靠两个平行布置的摄像头产生的视差，找到同一物体所有的点，依赖精确的三角测距，就能够算出摄像头与前方障碍物的距离，实现更高的识别精度和更远的探测范围。使用这种方案，需要两个摄像头有较高的同步率和采样率，因此技术难点在于双目标定以及双目定位。相比单目，双目的解决方案没有识别率的限制，无须先识别再测量；直接利用视差计算距离精度更高；无须维护样本数据库。双目摄像头的测距精度依赖两个摄像头的安装距离，对安装精度和设备刚性也有较高的要求。在实际的使用过程中，在大部分常见障碍物测距上没有明显的优势。优势在于测距算法不依赖于检测算法，对障碍物类型不依赖。缺点在于处理规则性物体时容易出现错误。因为检测原理上的差

异,双目视觉方案在距离测算上相比单目以及其他感知技术对硬件及计算量的要求都上了一个新台阶,这也是双目视觉方案在应用时的一个难关。

环视摄像头一般至少包含 4 个摄像头,分别安装在汽车的前后左右侧,实现 360°环境感知,难点在于畸变还原与图像之间的对接。

图 3.5 所示为单目摄像头采集图像示意。

■ 图 3.5　单目摄像头采集图像

根据不同自动驾驶功能的需要,摄像头的安装位置也有所不同,主要分前视、环视、后视、侧视以及内置。实现全部自动驾驶功能至少应安装 6 个以上的摄像头。前视摄像头一般采取 55°左右的镜头得到较远的有效距离,有单目和双目两种解决方案。双目摄像头需要装在两个位置,成本比单目高一倍左右。环视使用的是广角摄像头,通常在车辆四周装备 4 个摄像头进行图像拼接形成全景视图,通过辅助算法实现道路感知。后视采用广角或者鱼眼摄像头,主要为倒车后视使用。侧视一般使用两个广角摄像头,完成盲点检测等工作,也可以代替后视镜,侧视功能在某些自动驾驶方案中也可由超声波雷达代替。内置摄像头也使用广角摄像头,安装在汽车内后视镜处,实现驾驶过程中对驾驶员进行监控,及时对驾驶员状况发出提醒。前视摄像头可以实现车道线偏离预警、车辆识别、行人识别、交通标志识别等自动驾驶方案中主动安全的核心功能,未来将成为自动紧急制动(AEB)、自适应巡航(ACC)等主动控制功能的信号入口。这种摄像头安全等级较高,应用范围较广,是目前开发的热点。

车载摄像头需要具备的首要特性是高速采集图像,特别是在高速行驶场合,自动驾驶系统必须能够记录关键驾驶状况,评估这种状况并实时启动相应的措施。在 140km/h 的车速下,汽车每秒要移动 40m 距离,为避免两次图像信息获取间隔期间自动驾驶汽车驶过的距离过长,要求车载摄像头具有不低于 30f/s 的帧率。在汽车制造商的规格中,甚至提出了 60f/s 乃至 120f/s 的指标要求。在功能上,车载摄像头需要在复杂的运动路况环境下保证采集到稳定的数据。要求如下。

(1)高动态范围:在较暗环境以及明暗差异较大时仍能实现识别,要求摄像头具有高动态的特性。

(2) 中低像素：为了降低对图像处理器的性能要求，摄像头的像素并不需要非常高。目前 30 万～120 万的像素就可以满足要求。

(3) 角度要求：对于环视和后视，一般采用 135°以上的广角镜头，前置摄像头对视距要求更大，一般采用 55°范围。

同时，相比工业级与消费级摄像头，车载类型在安全级别上要求更高，尤其是对前置摄像头安全等级要求更高。主要体现在以下几方面。

(1) 温度要求：车载摄像头要求能在－40～80℃的环境下工作。

(2) 防磁抗震：汽车启动时会产生极高的电磁脉冲，车载摄像头必须具备极高的防磁抗震性能。

(3) 较长的使用寿命：车载摄像头的寿命要求至少满足 8～10 年的稳定工作。

3.2.3 毫米波雷达

毫米波就是电磁波，雷达通过发射无线电信号并接收反射信号来测定车辆与物体间的距离，其频率通常介于 10～300GHz 之间。与厘米波导引头相比，毫米波导引头体积小、质量轻、空间分辨率高；与红外、激光、电视等光学导引头相比，毫米波导引头穿透雾、烟、灰尘的能力强；另外，毫米波导引头的抗干扰性能也优于其他微波导引头。图 3.6 为毫米波雷达工作示意图。

图 3.6 毫米波雷达示意图

毫米波工作频率为 30～300GHz，波长为 1～10mm，介于厘米波与光波之间，因此毫米波兼有微波制导和光电制导的优点。雷达测量的是反射信号的频率转变，进而推测其速度变化。毫米波雷达可以检测 30～100m 远的物体，高性能毫米波雷达可以探测更远的物体。同时，毫米波雷达不受天气的影响，即使是最恶劣的天气和光照条件下也能正常工作，穿透烟雾的能力很强。毫米波雷达具有全天候、全天时的工作特性，且探测距离远、探测精度高，被广泛应用于车载距离探测，如自适应巡航、碰撞预警、盲区探测、自动紧急制动等。

毫米波雷达的测距和测速原理都是基于多普勒效应，其采集的原始数据基于极坐标系（距离＋角度）。其工作时，振荡器会产生一个频率随时间逐渐增加的信号，这个信号遇到障碍物之后，会反射回来，其时延为2倍的距离除以光速。返回的波形和发出的波形之间有频率差，这个频率差是呈线性关系的：物体越远，返回的波收到得越晚，那么它跟入射波的频率差值就越大。将这两个频率做一个减法，就可以得到二者频率的差拍频率，通过判断差拍频率的高低就可以判断障碍物的距离。

在自动驾驶汽车领域，车载毫米波雷达通过天线发射毫米波，接收目标反射信号，经后台处理后快速准确地获取汽车车身周围的物理环境信息（如汽车与其他物体之间的相对距离、相对速度、角度、运动方向等），然后根据所探知的物体信息进行目标追踪和识别分类，进而结合车身动态信息和其他传感器接收的信息进行数据融合，通过中央处理单元（ECU）进行智能处理，经合理决策后，及时对汽车运动执行控制，从而实现自动驾驶。图3.7为毫米波雷达工作原理图。

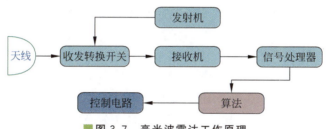

图3.7 毫米波雷达工作原理

相比激光雷达，毫米波雷达精度低、可视范围角度偏小，一般需要多个雷达组合使用。毫米波雷达传输的是不可见的电磁波，因此它无法检测上过漆的木头或是塑料，行人的反射波也较弱。同时，毫米波雷达对金属表面非常敏感，一个弯曲的金属表面会被误认为是一个面积很大的表面。因此，马路上的一个小小的易拉罐甚至也可能被毫米波雷达判断为很大的路障。此外，毫米波雷达在隧道里的效果同样不佳。

毫米波雷达的可用频段有24GHz、60GHz、77GHz和79GHz，主流使用24GHz和77GHz频段，分别用于中短距离和中长距离探测。相比于24GHz频段，77GHz毫米波雷达物体探测分辨率可以提高2～4倍，测速和测距精度提高3～5倍，能检测行人和自行车，且设备体积更小，更方便在无人驾驶汽车上部署。因此频段发展趋势是逐渐由24GHz向77GHz过渡的。

1997年，欧洲电信标准学会确认76～77GHz作为防撞雷达专用频道。早在2005年，原信息产业部发布要求，将77GHz频段划分给车辆测距雷达。2012年，工业和信息化部又将24GHz划分给短距车载雷达。2015年，日内瓦世界无线电通信大会将77.5～78.0GHz频段划分给无线电定位业务，以支持短距高分辨率车载雷达的发展，从而使76～81GHz都可用于车载雷达，为全球车载毫米波雷达的频率统一指明了方向。最终，车载毫米波雷达将会统一于77GHz频段（76～81GHz），该频段带宽更大，功率水平更高，探测距离更远。

毫米波雷达的主要问题是存在互相干扰的可能。频率不同的电磁波在传输过程中相互独立，但是频率相近的电磁波却会互相叠加，使信号劣化。调频连续波雷达本身不能免疫干扰。随着道路上装载毫米波雷达的车辆增加，相似频段的雷达信号也随之增加，雷达之间的干扰不可避免。干扰信号可以通过直线传播直接干扰，也可以经过物体反射从而间接干扰。

这样的结果是大大降低了信号的信噪比,甚至会导致雷达"致盲"。

3.2.4 超声波雷达

超声波雷达,是通过发射并接收 40kHz 的超声波,根据时间差算出障碍物距离。其测距精度是 1~3cm。常见的超声波雷达有两种:第一种是安装在汽车前后保险杠上的,用于测量汽车前后障碍物的驻车雷达或倒车雷达,称为超声波驻车辅助传感器(Ultrasonic Parking Assistant,UPA);第二种是安装在汽车侧面,用于测量侧方障碍物距离的超声波雷达,称为自动泊车辅助传感器(Automatic Parking Assistant,APA)。

采用超声波雷达测距时,超声波发射器先向外面某一个方向发射出超声波信号,在发射超声波的同时开始计时,超声波通过空气进行传播,传播途中遇到障碍物就会立刻反射回来,超声波接收器在接收到反射波时立即停止计时。计时器通过记录时间,就可以测算出从发射点到障碍物之间的距离。在空气中超声波的传播速度一般为 340m/s,计时器通过记录时间 t,就可以测算出从发射点到障碍物之间的距离长度 s,即:
$s = 340t/2$。

超声波雷达的工作原理可用图 3.8 的数学模型来表示,其中 α 为超声波雷达的探测角,一般 UPA 的探测角为 120°左右,APA 的探测角较小,为 80°左右;β 为超声波雷达检测宽度范围的影响元素之一,该角度一般较小。一般 UPA 的 β 为 20°左右,APA 的 β 较为特殊,为 0°;R 也是超声波雷达检测宽度范围的影响元素之一,UPA 和 APA 的 R 值差别不大,都在 0.6m 左右;D 是超声波雷达的最大量程。UPA 的最大量程为 2.5m,APA 的最大量程至少是 5m,目前已有超过 7m 的 APA 雷达投入应用。

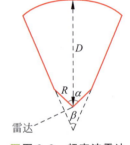

图 3.8 超声波雷达数学模型

超声波雷达具有诸多优点。超声波能量消耗较为缓慢,防水、防尘性能好,传播距离较远,穿透性强,测距方法简单,成本低,且不受光线条件的影响。尤其是在短距离测量中,超声波雷达测距有着非常大的优势。但是,超声波是一种机械波,使得超声波雷达有着根源性的局限性。

(1) 对温度敏感。超声波雷达的波速受温度影响,近似关系为:
$$C = C_0 + 0.607 \times T$$
其中,C_0 为零度时的波速,为 332m/s,T 为温度(单位:℃)。波速受温度影响,因此测量的精度也与温度直接相关。传播速度较慢时,若汽车行驶速度较快,使用超声波测距无法跟上汽车车距的实时变化,误差较大。

(2) 超声波散射角大,方向性较差,无法精确描述障碍物位置。在测量较远距离的目标时,其回波信号较弱。

超声波雷达在自动驾驶汽车上主要用于泊车系统、辅助制动等。通常一套倒车雷达需要安装 4 个 UPA 传感器,而自动泊车系统是在倒车雷达的基础上再加 4 个 UPA 传感器和 4 个 APA 传感器。UPA 超声波传感器的探测距离一般在 15~250cm 之间,主要用于测量汽车前后方向的障碍物。APA 超声波传感器的探测距离一般在 30~500cm 之间,探测范围更远,因此相比于 UPA 成本更高,功率也更大。APA 传感器与倒车雷达工作频率不同,不形成干扰。

超声波雷达的基础应用是倒车辅助。在这个过程中,超声波传感器通常需要同控制器和显示器结合使用,从而以声音或者更直观的显示方式告知驾驶员周围障碍物的情况,解除驾驶员泊车、倒车和启动车辆时前后左右探视引起的困扰,并帮助驾驶员扫除视野死角和视线模糊的缺陷,提高驾驶安全性。除障碍物检测外,超声波雷达还有许多应用场景,例如泊车位检测、高速横向辅助等。泊车位检测是自动泊车系统的第一步,主要依赖安装在车辆侧方的 APA 传感器。在汽车缓缓驶过停车位时,如图 3.9 所示,汽车侧方的 APA 传感器会得到一个探测距离与时间的关系,然后可以计算得到停车位的近似长度。当检测的停车位长度大于汽车泊入所需的最短长度时则认为当前空间有车位。超声波雷达还可应用于高速横向辅助,特斯拉 Model S 车型是一个很好的例子。特斯拉 Model S 在行驶过程中,如果左后方有车辆渐渐驶近,在离本车距离较近时,Model S 在确保右侧有足够空间的情况下,会自主向右微调,降低与左侧车辆的碰撞风险。目前大部分车型搭载的超声波雷达都是倒车雷达 UPA,而随着自动驾驶技术的不断推进,基于超声波的自动泊车功能逐渐进入大众视野,APA 的市场也会逐渐打开。

图 3.9 自动泊车示意图

3.2.5 环境感知实例——车道线检测

车道线是用来管制和引导交通的一种标线,由标划于路面上的线条、箭头、文字、标记和轮廓标示等组成。根据《道路交通标志和标线》(GB 5768.3—2009)国家标准规定,我国的道路交通标线分为指示标线、禁止标线和警告标线。图 3.10 为实际道路车道线示意图。

车道线检测是智能车辆辅助驾驶系统中必不可少的环节,快速准确地检测车道线在协助自动驾驶路径规划和偏移预警等方面尤为重要。目前较为常见的车道线检测方案主要是基于摄像头及传统计算机视觉的检测,同时随着自动驾驶技术的逐步发展,基于激光雷达等高精设备的车道线检测算法也被提出。

1. 基于摄像头及机器视觉的车道线检测

传统计算机视觉的车道线检测主要依赖于高度定义化的手工特征提取和启发式的方法。国内外广泛使用的检测方法主要分为基于道路特征和道路模型两种方法。基于道路特

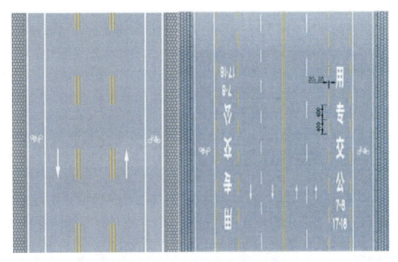

图 3.10 实际道路车道线示意

征的检测方法主要利用车道线与道路之间的物理结构差异对图像进行后续的分割和处理，突出道路特征，实现车道线检测；基于道路模型的检测方法主要利用不同的道路图像模型（直线、抛物线、复合型），对模型中的参数进行估计与确定，最终与车道线进行拟合。

基于道路特征的检测方法根据提取特征的不同，可以进一步分为基于颜色特征、纹理特征和多特征融合的检测方法。这里介绍基于颜色特征的检测方法。

颜色特征提取又分为基于灰度和基于色彩特征的提取方法。基于灰度特征的检测方法主要通过提取图像的灰度特征来检测道路边界和道路标志。可以通过直接采集灰度图进行处理，也可以通过图像转换将原始图像转为灰度图。在车道图像中，路面与车道线交汇处的灰度值变化较剧烈，可以利用边缘增强算子突出图像的局部边缘，定义像素的边缘强度，通过设置阈值的方法提取边缘点。常用的算子有微分算子、拉普拉斯算子和 Canny 算子，如图 3.11 所示。

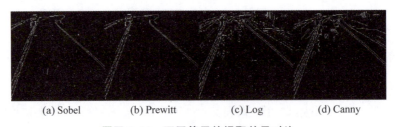

(a) Sobel (b) Prewitt (c) Log (d) Canny

图 3.11 不同算子的提取效果对比

这种基于特征提取进行车道线检测的方法结构简单，应用广泛。缺点是当光照强烈、有大量异物遮挡、道路结构复杂、车道线较为模糊时，检测效果会受到较大影响。

基于彩色特征的检测方法主要通过提取图像的彩色特征来检测道路边界和道路标志，主要涉及颜色空间的选择和分割策略选取两方面。颜色空间是由一组数值用来描述图像信息的抽象模型，通常为三四个数字，常用的颜色空间主要有 RGB 空间、HSI 空间和 CIE $L^*a^*b^*$ 空间等。在不同的颜色空间中，车道线和道路有着各自的特性，通过分析彩色信息的空间分布，可以利用分割策略对车道线进行检测。通常用于车道线检测的分割策略为阈值分割和色彩聚类两种方法。

由于色彩信息对于图像或图像区域的大小、方向等特征变化不敏感，所以对于局部特征，利用彩色信息不能有效地进行捕捉。所以仅利用彩色特征的方法往往会将大量不必要的图像检测出来。

基于道路模型的检测方法中，道路的几何模型大体分为两种：直线和曲线。直线模型计算简单，是最常用的道路模型，而曲线模型由于较为复杂，所以根据不同的情况有多种多样的模型，不同模型的计算复杂度也存在差异。本节主要介绍直线模型和双曲线模型在车道线检测中的实现。

直线模型主要建立在车道线为直线模型的基础上，直线模型的数学表达式如下：

$$u = k(v - h) + b$$

其中 u、v 分别代表道路图像的横、纵坐标，k 代表斜率，b 为截距，h 代表道路消失线在图中的纵坐标。得到了道路消失线的水平位置后，只要得到 k 和 b 就可以确定车道线在图像中的位置。在车辆行驶速度不高，并且道路弯曲曲率不大的情况下，可以有较好的识别效果。

直线模型虽然实时性较好，但对曲线道路的识别精度较差；抛物线模型在车道直线与曲线连接处连续性不好，标识线容易偏离；样条曲线模型过于复杂，计算量大、实时性不高。

针对一些车道线检测算法识别率不高、弯道检测不准确的问题，基于双曲线模型的车道线检测算法首先运用 Canny 算子对道路边缘进行检测；采用 Hough 变换提取道路边界点，并使用扩展的 Kalman 滤波进行预测跟踪来减小道路扫描范围；最后通过左右车道边界参数与双曲线模型参数进行匹配，用最小二乘法来求解模型参数，完成车道边界重建。

2. 基于激光雷达的车道线检测

基于传统视觉的方法存在诸多缺陷：对光照敏感、依赖于完整并且较为统一的车道线标志、有效采样点不足以及车道线被水覆盖时视觉系统会失效等。近年来，越来越多的研究者将目光投向了用激光雷达进行车道线检测。激光雷达的有效距离比传统视觉方法高，有效采样点多，并且可以穿透水面，具有突出的性能优势。本节主要介绍几种基于激光雷达的车道线检测方法。

（1）基于反射强度信息的方法。该方法主要基于激光雷达反射强度信息形成的灰度图，或者根据强度信息与高程信息配合，过滤出无效信息，然后对车道线进行拟合。

表 3.3 显示不同物体对于激光的反射强度，根据反射强度值进行车道线检测的算法可在车载激光雷达获取的道路周围环境点云数据中轻松区分出道路与车道线。回波强度值没有单位，值在 0～255 之间，数字越大反射率越高。

表 3.3 不同物体的回波强度

介质	回波强度值	可能的地物分类
特性涂层	12～30	车道标线
沥青、混凝土	5～8	道路、房屋
植被、金属	45～150	灌木丛、车辆

（2）基于 SLAM 与高精地图结合的方法。SLAM 是 Simultaneous Localization and Mapping 的缩写，意为"即时定位与地图构建"。它是指运动物体根据传感器的信息，一边计算自身位置，一边构建环境地图的过程。由于传感器种类和安装方式的不同，SLAM 的实

现方式和难度会有很大差异。按传感器来分，SLAM 主要分为激光、视觉两大类。

利用激光雷达的点云进行车道线、交通标志、路标的初步定位，然后对比高精地图进行回归，可以实时进行车道线的检测，并且可以对车辆进行定位。

3.3 定位系统

车辆定位是让无人驾驶汽车获取自身确切位置的技术，在自动驾驶技术中定位担负着相当重要的职责。车辆自身定位信息获取的方式多样，涉及多种传感器类型与相关技术，本节将从卫星定位、差分定位、惯性导航定位及多传感器融合定位几个方面进行介绍。

3.3.1 卫星定位技术

在任何驾驶条件下，自动驾驶车辆均依赖于两种信息：汽车位置和汽车行驶的速度，收集这些信息需要整合多种复杂技术，其中 GNSS(Global Navigation Satellite System，全球导航卫星系统)起到主要作用。当自动驾驶汽车拥有高精度位置信息之后，可以跟高精地图进行匹配，从而提供良好的导航功能。GNSS 系统也能为车载传感器的时间同步或者导航提供最基础的时空信息。

1. 卫星导航定位系统介绍

卫星导航定位系统是星基无线电导航系统，以人造地球卫星作为导航台，为全球海陆空的各类军民载体提供全天候的、高精度的位置、速度和时间信息，因而又被称作天基定位、导航和授时(PNT)系统。卫星导航定位系统中除了全球卫星导航系统外，还有星基增强系统以及地基增强系统。

1) 全球卫星导航系统

目前世界上著名的卫星导航系统有美国的全球定位系统(Global Positioning System，GPS)、俄罗斯的全球导航卫星系统(Global Navigation Satellite System，GLONASS)、中国的北斗卫星导航系统(Beidou Navigation Satellite System，BDS)以及欧盟伽利略(Galileo)系统。下面分别简要介绍。

(1) GPS。

GPS 是为了满足军事部门对高精度导航和定位的要求而由美国国防部建立的，能向陆海空 3 大领域提供实时、全天候和全球性的导航服务，并且能够满足情报收集、核爆监测和应急通信等军事要求。

GPS 提供具有全球覆盖、全天时、全天候、连续性等优点的三维导航和定位能力，作为先进的测量、定位、导航和授时手段，除了在军事上起着举足轻重的作用外，在国家安全、经济建设和民生发展的各个方面都扮演着重要的角色。

GPS 由 3 部分构成，即空间卫星部分、地面监控部分和用户接收部分。空间卫星部分又称为空间段，21 颗 GPS 工作卫星和 3 颗在轨备用卫星构成完整的 21+3 形式的 GPS 卫星工作星座。这种星座构型能满足在地球上任何地点任何时刻均能观测到至少 4 颗几何关系较好的卫星来用于定位。地面控制部分又称为地面段，由分布在全球的一个主控站、3 个注入站和若干个监测站组成。用户接收部分又称为用户段，接收来自作为基础设施的空间段和地面段提供的导航、定位和授时服务,这些服务已广泛应用于各个领域。

(2) GLONASS。

GLONASS 是苏联建设的导航系统,同样能够为海陆空的民用和军用提供全球范围内的实时、全天候三维连续导航、定位和授时服务。GLONASS 也由空间段、地面段、用户段 3 大部分组成,但与 GPS 相比,各部分的具体技术有较大的差异。空间段由 24 颗 GLONASS 卫星组成,其中 21 颗为正常工作卫星,3 颗为备份卫星。如果 GLONASS 星座完整,则可以满足在地球上任何地点任何时刻都能收到来自至少 4 颗卫星的信号,从而获取可靠的导航定位信息。地面监控部分包括系统控制中心和跟踪控制站网,这些跟踪控制站网分散在俄罗斯所有领土上。用户端能接收卫星发射的导航信号,进而获取需要的位置、速度和时间信息。

(3) BDS。

北斗卫星导航系统是中国正在实施的自主研发、独立运行的全球卫星导航系统,于 2012 年 12 月 27 日启动区域性导航定位与授时正式服务。由 16 颗导航卫星组成的北斗二号系统已向我国乃至大部分亚太地区提供服务。截至 2018 年底,北斗三号基本系统星座部署完成。2018 年 12 月 27 日开始,北斗开始提供全球范围内的定位与授时服务。

除了与上述导航系统提供的导航、定位、授时功能等相同的服务外,北斗卫星导航系统还具有一项特殊的功能,那就是短报文通信。从北斗系统的组成结构来看,同样分为空间段、地面段和用户段。空间星座部分由 5 颗地球静止轨道(Geostationary Orbit,GEO)卫星和 30 颗非地球静止轨道(Nongeostationary Orbit,NON-GEO)卫星组成,后者包括中圆地球轨道(MEO)卫星和倾斜地球同步轨道(IGSO)卫星。GEO + NON − GEO + MEO + IGSO 的星座构型是北斗卫星导航系统的完整布局,最大的优点是同样保证了在地球上任意地点任意时刻均能接收来自 4 颗以上导航卫星发射的信号,观测条件良好的地区甚至可以接收到 10 余颗卫星的信号。地面段包括监测站、上行注入站、主控站。用户段组成及功能同前两者基本相同。

(4) Galileo。

Galileo 卫星系统也是一个正在建设中的全球卫星导航系统,欧洲人的目的是摆脱对美国全球定位系统的依赖,打破其垄断。该系统的基本服务免费,但使用高精度定位服务需要付费。Galileo 系统也分为空间段、地面段、用户段 3 大部分。空间段是由分布在 3 个轨道上的 30 颗 MEO 卫星构成,其中 27 颗为工作星,3 颗为备份星。地面段由两个地面操控站、29 个伽利略传感器达到站以及 5 个 S 波段上行站和 10 个 C 波段上行站组成,传感器达到站及上行站均分布于全球。用户段则提供独立于其他卫星导航系统的 5 种基本服务。

除了以上 4 个全球卫星导航系统外,还有一些其他已完成或正在建设的区域性卫星导航系统,如日本的 QZSS、印度的 IRNSS 等。

2) 星基增强系统

随着全球卫星导航系统应用的不断推广和深入,现有卫星导航系统在定位精度、可用性、完好性等方面还是无法满足一些高端用户的要求。为此,各种卫星导航增强系统(Satellite-Based Augmentation System,SBAS)应运而生。美国的"广域差分增强系统(Wide Area Augmentation System,WAAS)"、俄罗斯的"差分校正与监视系统(SDCM)"、日本的"多功能卫星增强系统(Multi-Functional Satellite Augmentation System,MSAS)"、欧洲的"导航重叠服务（European Geostationary Navigation Overlay Service，EGONS）"和印度的"GPS辅助增强导航系统（GAGAN）"这5个典型区域性广域差分增强系统也被纳入到GNSS中。

SBAS也主要由空间段、地面段和用户端3部分构成。它们作为区域性广域差分增强服务，可以使得单点的卫星定位更稳定、定位精度更高，从而实现1～3m、1m甚至优于1m的定位服务。

3）地基增强系统

地基增强系统（Ground-Based Augmentation Systems，GBAS）是卫星导航系统建设中的一项重要内容，可以大大提高系统服务性能。GBAS综合使用了各种不同效果的导航增强技术，主要包括精度增强技术、完好性增强技术、连续性和可用性增强技术，最终实现增强卫星导航服务性能的目的。

我国的地基增强系统主要是北斗地基增强系统，是国家所有的重要信息基础设施，用于提供北斗卫星导航系统增强定位精度和完好性服务。系统由框架网基准站和加强密度网基准站、通信网络、数据处理系统、运营平台、数据播发系统和用户终端组成，具备在全国范围内为用户提供广域实时米级、分米级、厘米级和后处理毫米级定位精度的能力，具有作用范围广、精度高、野外单机作业等优点。

2. 卫星导航定位系统工作原理

GNSS定位主要解决两个问题：一是观测瞬间卫星的空间位置，二是测量站点卫星之间的距离。空间位置即GNSS卫星在某坐标系中的坐标，为此首先要建立适当的坐标系来表征卫星的参考位置，而坐标又往往与时间联系在一起，因此，定位是基于坐标系统和时间系统来进行的。

1）坐标系统和时间系统

卫星导航系统中，坐标系描述与研究卫星在其轨道上的运动、表达地面观测站的位置和处理GPS观测数据。根据应用场合的不同，选用的坐标系也不相同。坐标系统大概分为以下几类：地理坐标系、惯性坐标系、地球坐标系、地心坐标系和参心坐标系。常用的坐标系统有：WGS-84坐标系、Parametry Zemli 1990坐标系（PZ-90）、1954年北京坐标系（P54）、1980年国家大地坐标系（C80）、2000国家大地坐标系（CGCS2000）。

时间系统在卫星导航中是最重要、最基本的物理量之一。首先，卫星发送的所有信号都是由高精度的原子钟控制的。其次，大多数卫星导航系统实际上都是通过精确测定信号传播时间来实现距离测量的。时间系统可分为世界时、力学时、原子时、儒略日、卫星导航时间系统等。其中GPS系统采用了一个独立的时间系统作为导航定位计算的依据，称为GPS时间系统（GPST）。GPS时间属于原子时系统，其秒长与原子时秒长相同。

2）定位原理

GNSS定位系统利用基本三角定位原理，GNSS接收装置通过测量无线电信号的传输时间来测量距离。由每颗卫星的所在位置，和测量得到的每颗卫星与接收装置的距离，便可以算出接收器所在位置的三维坐标值。使用者至少需收到3颗卫星的信号才可确定自身的位置。实际使用中GNSS接收装置都是利用4个以上的卫星信号来确定使用者所在位置及高度。

分别以3个卫星的位置为圆心，3个卫星距地面某点距离为半径作球面，则球面交点即为地面用户位置，如图3.12所示。

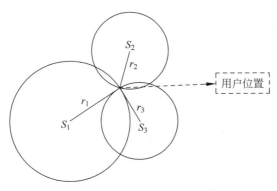

■ 图3.12 三角定位原理示意

从上面GNSS进行定位的基本原理,可以看出GNSS定位方法的实质,即测量学中的空间后方交会。由于GNSS采用单程测距,且难以保证卫星时钟与用户接收机时钟的严格同步,观测站和卫星之间的距离均受两种时钟不同步的影响。卫星钟差可用导航电文中所给的有关钟差参数进行修正,而接收机的钟差大多难以精准地确定。所以通常采用的优化做法是把它作为一个未知参数,与观测站的坐标一并求解,即在1个观测站上一般需求解4个未知参数(3个点位坐标分量和1个钟差参数),因此至少需要4个同步伪距观测值,即需要同时观测4颗卫星。

基于定位原理的理论基础,可将定位方法进行分类。例如在GPS定位中,依据用户站的运动状态,可以分为静态定位和动态定位。静态定位是指待定点的位置固定不动,将GPS接收机安置于其上进行大量的重复观测。动态定位是指待定点处于运动状态,测定待定点在各观测时刻(或称为"观测历元")运动中的点位坐标,以及运动载体的状态参数,如速度、时间和方向等。而按照定位的模式划分,则可分为绝对定位和相对定位。绝对定位又称单点定位,即只采用一台GPS接收机进行定位,它所确定的是接收机天线在WGS84坐标系中的绝对位置。相对定位是指两台GPS接收机安置于两个固定不变的待定点上,或一个点固定于已知点上,另一个为流动待定点。同步观测一定时间后,可以确定两个点之间的相对位置,获得高精度的点位坐标。

3) 误差分析

卫星导航系统的误差从来源上可以分为4类:与信号传播有关的误差,与卫星有关的误差,与接收机有关的误差以及地球潮汐、负荷潮等造成的其他误差。误差分类如表3.4所示。

表3.4 误差分类

误差来源		对测距的影响/m
与信号传播有关的误差	电离层延迟	1.5~15.0
	对流层延迟	
	多径效应	
与卫星有关的误差	星历误差	1.5~15.0
	时钟误差	
	相对论效应	

续表

误差来源		对测距的影响/m
与接收机有关的误差	时钟误差	1.5～5.0
	位置误差	
	天线相位中心变化	
其他误差	地球潮汐	1
	负荷潮	

3.3.2 差分定位系统

减少甚至消除上一节所提到的误差是提高定位精度的措施之一,而差分 GNSS(Differential GNSS,DGNSS)可有效地利用已知位置的基准站或流动站将公共误差估算出来,通过相关的补偿算法完成精确定位,消除公共误差,从而提高定位精度。

差分 GNSS 的基本原理是在一定地域范围内设置一台或多台接收机,将一台已知精密坐标的接收机作为差分基准站,基准站连续接收 GNSS 信号,与基准站已知的位置、距离数据进行比较,从而计算出差分校正量,基准站就会将此差分校正量发送至范围内的流动站,从而减少甚至消除 GNSS 中用户站由于卫星时钟、卫星星历、电离层延迟与对流层延迟所引起的误差,提高定位精度。

流动站与差分基准站的距离可以直接影响差分 GNSS 系统的效果,当流动站与差分基准站距离越近,同一卫星信号到这两个站点的传播途径就越短,两站点之间测量误差的相关性就越强,从而差分 GNSS 系统性能会越好。

根据差分校正的目标参量的不同,差分 GNSS 主要分为位置差分、伪距差分和载波相位差分。下面将简要介绍位置差分、伪距差分和载波相位差分系统。

1. 位置差分

位置差分系统如图 3.13 所示,由在已知坐标点的基准站上安装的 GNSS 接收机实时观测 4 颗或 4 颗以上的卫星后,进行三维定位,得出当前基准站的坐标测量值。实际上 GNSS 接收机接收的消息解算出来的坐标,由于存在着轨道误差、时钟误差、SA 影响、大气影响、多径效应等误差影响,与基准站的已知坐标是不相同的。然后将坐标测量值与基准站实际坐标值的差值作为差分校正量,基准站利用数据链将所得的差分校正量发送给流动站,流动站用接收到的差分校正量在自身 GNSS 接收机接收到的测量值的基础上进行坐标修改。位置差分是最简单的差分方法,其传输的差分改正数少,计算简单,并且任何一种 GNSS 接收机均可改装和组成这种差分系统。但是由于基准站与流动站必须观测同一组卫星,因此位置差分法的应用范围受到距离上的限制,适用于流动站与基准站间距离不超过 100km 的短距离范围内。

2. 伪距差分

伪距差分是目前应用最广的一种定位技术,几乎所有的商用差分 GNSS 接收机均采用这种技术,如图 3.14 所示。

伪距差分技术是在一定范围的定位区域内,设置一个或多个安装 GNSS 接收机的已知

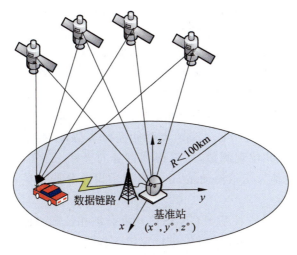

■ 图 3.13 位置差分示意

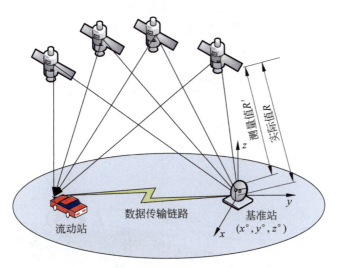

■ 图 3.14 伪距差分示意

点作为基准站，连续跟踪观测所有在信号接收范围内的 GNSS 卫星伪距，通过在基准站上利用已知坐标求观测站至卫星的几何距离，并将其与观测所得的伪距比较，然后利用一个 $\alpha\text{-}\beta$ 滤波器将此差值滤波并求出其伪距修正值，并将所有卫星的伪距修正值传输给流动站，流动站利用此误差来改正 GNSS 卫星传输来的测量伪距。最后，用户利用修正后的伪距进行定位。伪距差分的基准站与流动站的测量误差与距离存在很强的相关性，故在一定区域范围内，流动站与基准站的距离越小，其使用 GNSS 伪距差分得到的定位精度就会越高。

3. 载波相位差分

GNSS 位置差分技术与伪距差分技术都能满足基本定位导航等的精度需求，但是在车联网和自动驾驶领域还远远不能满足需求，从而促使发展出更加精准的 GNSS 差分技术，即载波相位差分技术，也称为实时动态差分技术（Real Time Kinematic，RTK）。RTK 是一种利用接收机实时观测卫星信号载波相位的技术，将数据通信技术与卫星定位技术相结合，采用实时解算和数据处理的方式,能够实现实时地为流动站提供在指定坐标系中的三维坐标,在极短的时间内实现厘米级高精度的定位。

载波差分技术是建立在实时处理两个观测站的载波相位基础上的。与其他差分技术不同的是,载波差分技术中基准站不直接传输关于 GNSS 测量的差分校正量,而是发送 GNSS 的测量原始值。流动站收到基准站的数据后,与自身观测卫星的数据组成相位差分观测值,利用组合后的测量值求出基线向量,完成相对定位,进而推算出测量点的坐标。实现载波相位差分的方法包括修正法和差分法。前者与伪距差分类似,基准站将载波相位修正量发送给流动站,以改正其载波相位观测值,然后得到自身的坐标,是准 RTK 技术。后者将基准站观测的载波相位测量值发送给流动站,让其自身求出差分修正量,从而实现三维定位,是真正的 RTK 技术。

上述 RTK 定位技术是一种基于 GNSS 高精度载波相位观测值的实时动态差分定位技术,也可用于快速静态定位。采用 RTK 进行定位工作时,除须配备基准站接收机和流动站接收机外,还需要数据通信设备;基准站须将自己所获得的载波相位观测值及基准站坐标,通过数据通信链实时播发给在其周围工作的动态用户。流动站数据处理模块使用动态差分定位的方式确定出流动站相对应基准站的位置,然后根据基准站的坐标求得自己的瞬时绝对位置。常规 RTK 野外作业示意如图 3.15 所示。

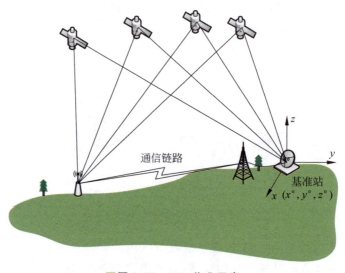

图 3.15　RTK 作业示意

传统的 RTK 定位技术虽然可以满足很多应用的要求,但流动站与基准站的距离不能太长,当距离大于 50km 时,现有 RTK 单历元解一般只能达到分米级的定位精度。因此,传统 RTK 并不能满足自动驾驶系统对车辆、车道及障碍物的厘米级定位需求,使得网络 RTK 技术得到快速发展。

网络 RTK 是指在某一区域内由若干个固定的、连续运行的 GNSS 基准站形成一个基准站网络,对区域内全方位覆盖,并以这些基准站中的一个或多个为基准,为该地区内的 GNSS 用户实时高精度定位提供 GNSS 误差改正信息。网络 RTK 也称多基准站 RTK,是近年来基于传统 RTK 技术和差分 GNSS 技术等发展起来的一种实时动态定位新技术。网络 RTK 技术与传统 RTK 技术相比,扩大了覆盖范围,降低了作业成本,提高了定位精度,减少了用户定位的初始化时间。

网络 RTK 主要由固定的基准站网、负责数据处理的控制中心、数据播发中心、数据通信链路和用户 5 大部分组成。其中一个基准站网可以包括若干个基准站,每个基准站上配备双频全波长 GNSS 接收机、数据通信设备和气象仪器等。基准站的精确坐标一般可采用长时间 GNSS 静态相对定位等方法确定。基准站 GNSS 接收机按一定采样率进行连续观测,通过数据通信链实时将观测数据传送给数据处理中心,数据处理中心首先对各个站的数据进行预处理和质量分析,然后对整个基准站网数据进行统一解算,实时估计出网内的各种系统误差的改正项(电离层、对流层和轨道误差),建立误差模型。网络 RTK 系统根据通信方式不同,分为单向数据通信和双向数据通信。在单向数据通信中,数据处理中心直接通过数据播发设备把误差参数广播出去,用户收到这些误差改正参数后,根据自己的位置和相应的误差改正模型计算出误差改正数,然后进行高精度定位。在双向数据通信中,数据处理中心实时侦听流动站的服务请求和接收流动站发送过来的近似坐标,根据流动站的近似坐标和误差模型,求出流动站处的误差后,直接播发改正数或者虚拟观测值给用户。基准站与数据处理中心间的数据通信可采用数字数据 DDN 或无线通信等方法进行。流动站和数据处理中心间的双向数据通信可通过 V2X 等车联网通信技术进行。网络 RTK 系统如图 3.16 所示。

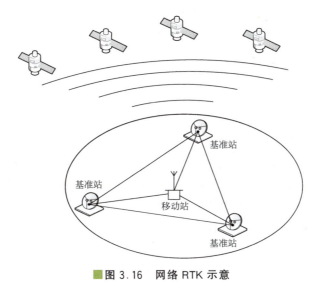

■图 3.16 网络 RTK 示意

3.3.3 惯性导航定位

惯性是所有质量体本身的基本属性,所以建立在牛顿定律基础上的惯性导航系统(Inertial Navigation System,INS)(简称惯导系统)不与外界发生任何光电联系,仅靠系统本身就能对车辆进行连续的三维定位和三维定向。卫星导航作为定位方式有更新频率低的问题,只有 10Hz 左右,无法满足自动驾驶汽车的要求。因此,必须借助其他传感器和定位手段来共同增强定位的精度,惯性导航系统是其中最重要的部分。

惯性导航系统是一种不依赖于外部信息、也不向外部辐射能量的自主式导航系统。其主要由 3 个模块组成:惯性测量单元(Inertial Measurement Unit,IMU)、信号预处理单元和机械力学编排模块,如图 3.17 所示。

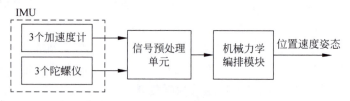

■ 图 3.17 惯性导航系统模块示意

一个 IMU 包括 3 个相互正交的单轴的加速度计(Accelerometer)和 3 个相互正交的单轴的陀螺仪(Gyroscopes),IMU 结构如图 3.18 所示。信号预处理部分对 IMU 输出信号进行信号调理、误差补偿,并检查输出量范围等,以使惯性传感器正常工作。

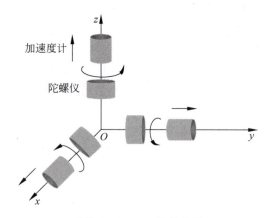

■ 图 3.18 IMU 结构示意

1. 惯性导航系统原理

惯性导航系统以陀螺仪和加速度计为敏感元件,应用航迹推算法提供位置、速度和姿态等信息。汽车行驶数据的采集由以陀螺仪和加速度计组成的惯性测量单元来完成。

惯性导航系统原理基于牛顿第一运动定律,此定律说明了在没有受到外力的作用下,物体总是保持原有的运动状态。牛顿第二定律在 INS 中也有着重要的作用,简单来说,牛顿第二定律说明了加速度的大小与作用力成正比,方向与作用力的方向相同,数学表达式为:

$$F = ma$$

惯导系统利用载体先前的位置、惯性传感器测量的加速度和角速度来确定其当前位置。给定初始条件,加速度经过一次积分得到速度,经过二次积分得到位移。相反,速度和加速度也可以通过对位移的微分而估算得到,即:

$$v = \int a \, dt$$
$$s = \int v \, dt = \iint a \, dt \, dt$$
$$v = \frac{ds}{dt}, \quad a = \frac{dv}{dt} = \frac{d^2 s}{dt^2}$$

角速度经过处理后可以得出车辆的俯仰、偏航、滚转等姿态信息,利用姿态信息可以把导航参数从载体坐标系变换到当地水平坐标系中。

综上,惯性导航系统可以说是一个由惯性传感器和积分器组成的积分系统。该系统通过加速度计测量车辆在惯性参考系中的加速度,通过陀螺仪测量载体旋转运动,可以进行惯性坐标系到导航坐标系的转换,将角速度相对时间进行积分,结合车辆的初始运动状态(速度、位置),就能推算出车辆的位置和姿态信息。

2. 惯性导航系统误差

本节提到,惯性导航系统不与外界发生任何光电联系,仅靠系统本身就能对车辆进行连续的三维定位和定向。其通过在内部所感知到的情况来推断外面的情况,使得惯性导航被称为"黑盒导航",如图 3.19 所示。惯性导航系统中既有电子设备,又有机械结构,在外部冲击、振动等力学环境中存在很多误差源。误差又分为随机误差与固定误差,下面将分别简要介绍。

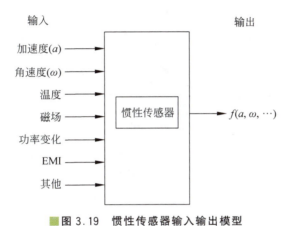

图 3.19 惯性传感器输入输出模型

1) 随机误差

(1) 传感器白噪声。

传感器白噪声通常与电子噪声合在一起,可能是来自于电源、半导体设备内部噪声或数字化过程中的量化误差。

(2) 变温误差。

传感器偏差的变温误差通常看上去类似时变的加性噪声源,是由外部环境温度变化或内部热分布变化引起的。

(3) 传感器随机游动噪声。

在惯性传感器中,对随机游动噪声有具体要求,但大多数都针对其输出的积分,而不是输出本身。例如,来自速率陀螺仪的"角度随机游动"等同于角速度输出的白噪声。类似地,加速度计输出的白噪声积分等同于"速度随机游动"。随机游动噪声随着时间线性增大,其功率谱密度以 $1/f^2$ 下降(即 20dB/十倍频程)。

(4) 谐波噪声。

由于热量传输延迟,所以温度控制方法(包括室内采暖通风与空调系统)经常引入循环误差,这些都可在传感器输出中引入谐波噪声,谐波周期取决于设备的尺寸大小。同样,主载体的悬挂和结构共振也引入了谐波加速度,它会对传感器中的加速度敏感误差源产生影响。

(5) $1/f$ 噪声。

这种噪声的功率谱密度以 $1/f$ 减小,其中 f 为频率。多数电子设备中都存在这种噪声。该噪声通常模型化为白噪声和随机游动噪声的某种组合。

2) 固定误差

与上面的随机误差不同,固定误差是可重复的传感器输出误差。图 3.20 给出了一些更为常用的传感器误差模型,包括:(a)偏差,即输入为零时传感器的任何非零的输出;(b)尺度因子误差,常常来自于制造偏差;(c)非线性,不同程度地存在于多种传感器中;(d)尺度因子符号不对称性,常常来自于不匹配的推挽式的放大器;(e)死区误差,通常由机械静摩擦力或死锁引起;(f)量化误差,这在所有数字系统中是固有的,由于它可能存在于标准化环境中,当输入不变时它的值可能是变化的。

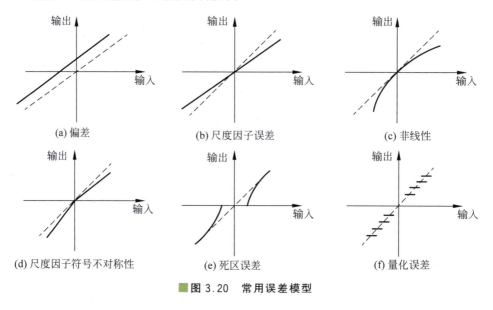

图 3.20 常用误差模型

3.3.4 多传感器融合定位技术

1. 多传感器融合介绍

GNSS 是一个应用广泛、适用范围广、定位精度高的系统,但是当它应用于无人车辆时,其更新频率过低的缺点便相对突出,仅有 10Hz 左右的更新频率不足以满足无人驾驶系统对实时定位的要求。由于误差累积的原因,INS 惯性导航系统的准确度随时间和行驶距离的增加而降低,因此也无法完整保证定位的准确性;不过,它的更新频率较高,可以达到 200Hz 以上,满足自动驾驶系统的需求。通过适当的方法将 GNSS 与 INS 的数据进行融合,我们可以为车辆定位提供既准确又足够实时的位置信息。

多传感器信息融合是 20 世纪 80 年代出现的一门新兴学科,它是将不同传感器对某一目标或环境特征描述的信息,综合成统一的特征表达信息及其处理的过程。多传感器信息融合实际上是对人脑综合处理复杂问题的一种功能模拟。与人脑综合处理信息的过程一样,协调利用多个传感器资源实现多传感器信息融合,通过对各种传感器及其观测信息的合理支配与使用,将各种传感器在空间和时间上的互补与冗余信息依据某种优化准则加以组合,产生对观测环境或对象的一致性解释和描述。多传感器信息融合的目标是利用各种传感器分离观测信息,对数据进行多级别、多方位和多层次的处理,产生新的有意义的信息。这种信息是最佳协同作用的结果,是任何单一传感器无法获得的,它的最终目的是利用多个传感器共同或联合操作的优势,来提高整个传感器系统的有效性。

2. 多传感器融合原理

多传感器融合的数据主要包括 GNSS-RTK、惯性导航系统和特征匹配自定位系统的输入数据。对这些数据进行预处理、数据配准和数据融合等处理后,输出车辆自身的速度、位置和姿态信息,如图 3.21 所示。

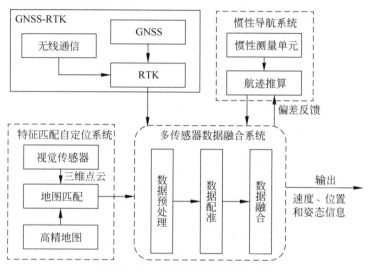

■ 图 3.21 多传感器数据融合示意

数据预处理可以考虑为传感器初始化及校准,传感器初始化即相对于系统坐标独立地校准每一个传感器。一旦完成了传感器初始化,就可以利用共同的目标开始相对的数据配准过程。所谓数据配准,就是把来自一个或多个传感器的观测或点迹与已知或已经确认的事件归并到一起,保证每个事件集合所包含的观测来自同一个实体的概率较大。具体地说,就是要把每批目标的点迹与数据库中各自的航迹配对。空间内存在较多目标,若将其配错将产生错误。在传感器配准过程中,收集足够的数据点来计算系统偏差,计算得到的系统偏差用以对调整后得到的传感器数据作进一步的处理。

传感器的配准是指多传感器数据"无误差"转换时所需要的处理过程,一般主要包括时间配准和空间配准两个方面。所谓时间配准,就是将关于同一目标的各传感器不同步的测量信息同步到同一时刻。由于各传感器(系统)对目标的测量是相互独立进行的,且采样周期往往不同,所以它们向数据处理中心报告的时刻往往是不同的。另外,由于通信网络的延迟不同,各传感器(系统)和融合处理中心之间传送信息所需的时间也各不相同,因此,各传感器发送数据有可能存在时间差,所以融合处理前须将不同步的信息配准到相同的时刻。所谓空间配准,又称为传感器配准,就是借助于多传感器对空间共同目标的测量,对传感器的偏差进行估计和补偿。对于同一系统内采用不同坐标系的各传感器的测量,定位时必须将它们转换成同一坐标系中的数据。对于多个不同子系统,各子系统采用的坐标系是不同的,所以在融合处理各子系统的信息前,也应将它们转换到同一测量坐标系中,而处理后还须将结果转换成各子系统坐标系的数据后,再传送给各个子系统。

数据融合需要借助融合算法。融合算法可分为随机类和人工智能类两大类。随机类多传感器数据融合方法主要有贝叶斯推理、D-S证据理论,以及包括最大似然估计、综合平均法、贝叶斯估计、D-S法、最优估计、卡尔曼滤波、鲁棒估计等在内的估计理论;人工智能类多传感器数据融合方法主要有基于神经网络的多传感器数据融合、基于模糊聚类的数据融合以及专家系统等。其中,随机类多传感器数据融合算法属于经典融合算法,又可分为估计和统计两类方法;人工智能类多传感器数据融合方法也称为现代融合法,可以用信息论和人工智能来划分。本节简要介绍几种经典融合算法。

(1)综合平均法。该方法是把来自多个传感器的众多数据进行综合平均。它适用于用同样的传感器检测同一个目标的情况。如果对一个检测目标进行了k次检测,其平均值为:

$$\bar{S} = \sum_{i=1}^{k} W_i S_i \bigg/ \sum_{i=1}^{k} W_i$$

其中W_i为分配给第i次检测的权值。

(2)贝叶斯估计法。贝叶斯推理技术主要用来进行决策层融合,贝叶斯估计法通过先验信息和样本信息合成为后验分布,对检测目标做出推断。

(3)D-S法。D-S法是目前信息融合技术中比较常用的一种方法,该方法通常用来对检测目标的大小、位置以及存在与否进行推断。采用概率区间和不确定区间决定多证据下假设的似然函数来进行推理。提取的特征参数构成了该理论中的证据,利用这些证据构造相应的基本概率分布函数,对于所有的命题赋予一个信任度。基本概率分布函数及其相应的分辨框合称为一个证据体。因此,每个传感器就相当于一个证据体。多个传感器信息融合,实质上就是在同一分辨框下,利用Dempster合并规则将各个证据体合并成一个新的证据体。产生新证据体的过程就是D-S法信息融合。

(4)卡尔曼滤波方法。卡尔曼滤波方法在控制领域得到广泛应用后,也逐渐成为多传感器信息融合系统的主要技术手段之一。卡尔曼滤波器可以从一组有限的、包含噪声的、通过对物体位置的观察序列预测出物体的位置坐标及速度。卡尔曼滤波器具有很强的鲁棒性,即使对物体的观测有误差,根据对物体的历史状态与当前对位置的观测,仍可以较准确地推算出物体当前的位置。卡尔曼滤波器运行时主要分两个阶段:预测阶段基于上一个时间点的位置信息去预测当前的位置信息;更新阶段通过对当前物体位置的观测去纠正位置预测,从而更新物体的位置信息。

通过卡尔曼滤波器,可以方便地将惯性传感器与GNSS数据进行融合。首先,依据上一次的位置估算使用惯性传感器对当前位置进行实时预测。在得到新的GNSS数据之前,只能通过积分惯性传感器的数据预测当前位置。惯性传感器的定位误差随着时间增加,所以当接收到新的GNSS信号时,由于GNSS数据比较精确,可以使用GNSS数据对当前的位置预测进行更新。通过不断地执行这两个步骤,系统可以取两者所长,对无人车进行准确的实时定位。假设惯性传感器的频率是1kHz,而GNSS的频率是10Hz,那么每两次GNSS更新之间会使用100个惯性传感器数据点进行位置预测。

3.4 高精地图技术概述

高精地图作为自动驾驶技术发展成熟的重要支撑,在横向和纵向精确定位、障碍物检测与避撞、转向与引导等方面发挥着重要的作用,是自动驾驶的核心技术之一。精准的地图对无人车的定位、导航与控制,以及自动驾驶的安全至关重要。

3.4.1 高精地图综述

人们日常使用的用于车载导航、查询地理位置信息的地图都属于传统电子地图,其主要服务对象是驾驶员,如谷歌地图、百度地图、高德地图等都可以算作传统电子地图。尽管电子地图的出现还不到一百年,但对传统地图的研究和开发已经历经了数千年的历史,并发展出制图学这门学科。在制图学的基础上,电子地图的出现极大地提高了地图的检索效率,并且结合计算机技术可以自动给出两地之间的路径规划方案,明显提升交通运输效率。

传统电子地图是对路网的一种抽象,所有的传统地图都将路网抽象成有向图的形式。图的顶点代表路口,边代表路口与路口的连接。路名、地标及道路骨架信息都可以被抽象成存储于这些有向图的顶点或边中的属性。这种抽象的地图表征形式能很好地适应人类驾驶员的需求,其原因就在于人类生来具有很强的视觉识别及逻辑分析能力。在驾驶的过程中,人类驾驶员一般都能有效地判别如下信息:识别路面及路面车道线,确定自己在路面的大致位置,寻找并辨认路标等。参照这些辨识出来的信息,结合当前 GNSS 提供的车辆在电子地图中的位置,驾驶员便可以大致知道自己在路网中的所在位置,并规划下一步的驾驶行为。正是基于驾驶员的这些能力,传统的电子地图被极大地精简,例如弯曲的道路可以精简为几条线段,只要轮廓大致符合实际路网结构,驾驶员就能结合当前信息确定自己的位置。

与传统地图不同,高精电子地图的主要应用对象是无人驾驶汽车,或者说是机器驾驶员。与人类驾驶员不同,机器驾驶员缺乏人类与生俱来的视觉识别和逻辑分析的能力。例如,人类可以很轻松地利用视觉和 GNSS 定位自身,鉴别障碍物、行人、交通信号与标志,但这些识别对于当前的机器人来说是非常困难的任务。借助高精地图能够扩展车辆的静态环境感知能力,为车辆提供其他传感器提供不了的全局视野,包括传感器监测范围外的道路、交通和设施信息。高精地图面向无人驾驶环境采集生成地图数据,根据无人驾驶需求建立道路环境模型,在精确定位、基于车道模型的碰撞避让、障碍物检测与避让、转向与引导方面都可以发挥重要作用,是当前无人车技术中必不可少的一个组成部分。

图 3.22 为高精地图示意图。

高精地图包含了大量与行车相关的辅助信息。这些辅助信息可以分成两大类,一类是道路数据,例如道路车道线的位置、类型、宽度、坡度和曲率等车道信息;另一类是行车道路周围相关的固定对象信息,例如交通标志、交通信号灯等信息,车道限高、下水道口、固定障碍物等其他道路细节,还包括高架物体、防护栏、树木、道路边缘类型等信息。所有上述信息都有地理编码,因此导航系统可以准确定位地形、物体和道路轮廓,从而引导车辆行驶。其中最重要的是对路网精确的三维表征(厘米级精度),例如路面的几何结构、车道标线的位置、周围道路环境的点云模型等。有了这些高精度三维数据,无人驾驶汽车就可以通过比对

■ 图 3.22 高精地图

车载 GNSS、IMU、LiDAR 或摄像头的数据精确定位当前自身的位置。此外,高精地图还包含丰富的语义信息,例如交通信号灯的位置及类型,道路标线的类型,可以通行的路面范围等。通过对高精地图模型的提取,可将车辆周边的道路、交通、基础设施等对象及对象之间的相对关系提取出来。这些能极大地提高无人驾驶汽车识别周围环境的能力。可以将高精地图数据与传感器数据进行比对,假如传感器检测出了某个高精地图中没有的物体,则这些物体很可能是障碍物或行人与车辆,这能更好地帮无人车提高发现并识别障碍物的速度和精度。高精地图架构定义如图 3.23 所示。

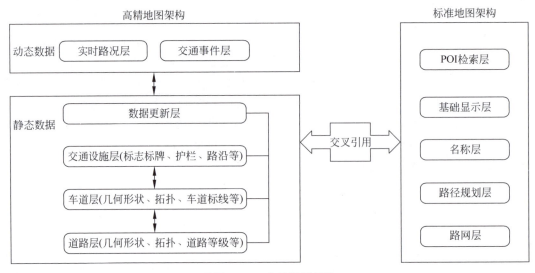

■ 图 3.23 高精地图架构

相比服务于传统 GNSS 导航系统的传统地图,高精地图最显著的特点是其表征路面特征的精准性。一般情况下,传统地图只需要做到米级精度即可实现功能,但高精地图的应用场景特性决定了其至少要达到厘米级精度才能保证自动驾驶汽车行驶的安全性。目前商用 GNSS 精度仅有 5m 左右,而高精地图与传感器协同工作,可将车辆的定位精确到厘米级。

此外，高精地图相比传统地图还需要具备更高的实时性，以确保自动驾驶汽车行驶安全。因为道路无时无刻不在发生变化，小到车道线的磨损，大到路面整体施工整修，都需要及时反映在高精地图上。要做到高实时性的高精地图存在很大难度，但随着越来越多的自动驾驶汽车行驶在路网，一旦其中的一辆或几辆检测到了路网的改变，就可以上传数据以同步给其他自动驾驶汽车，使得其他自动驾驶汽车变得更加聪明和安全。

3.4.2 高精地图在自动驾驶中的应用

传统的导航电子地图，主要给驾驶员使用，而高精地图主要给自动驾驶汽车使用。高精地图尤其在自动驾驶的感知、定位、规划、决策、控制等过程中发挥重要作用。因此，高精地图是自动驾驶的基础。

相比传统导航电子地图，高精地图具有更高的计算精度、更多的数据层级、更动态的实时性等特点，以满足自动驾驶汽车在行驶过程中地图精确计算匹配、实时路径规划导航、辅助环境感知、驾驶决策辅助、智能控制辅助的需要。

1. 地图精确计算匹配

由于存在各种定位误差，电子地图坐标上的移动车辆与周围地物并不能完全保持正确的位置关系。利用高精地图精确计算匹配则可以将车辆位置精准地定位在车道上，从而提高车辆定位的精度。

传统地图的匹配依赖于 GNSS 定位，定位准确性取决于 GNSS 的精度、信号强弱以及定位传感器的误差。高精地图在地图匹配上更多地依靠其先验信息。高精地图相对于传统地图有着更多维度的数据，例如道路形状、坡度、曲率、航向、横坡角等。通过更高维数的数据结合高效率的匹配算法，高精地图能够实现更高尺度的定位与匹配。

2. 实时路径规划导航

对于提前规划好的最优路径，因为交通信息的实时更新，最优路径也可能随时发生变化。此时高精地图在云计算的辅助下，能有效地为自动驾驶汽车提供最新的路况，帮助自动驾驶汽车重新制定最优路径。

高精地图的规划能力下沉到了道路和车道级别。传统的导航地图的路径规划功能往往基于最短路径算法，结合路况为驾驶员给出最快捷、最短的路径。但高精地图的路径规划是为机器服务的。机器无法完成联想、解读等步骤，所以给出的路径规划必须是机器能够理解的。在这种意义上，传统的特征地图难以胜任，而高精矢量地图能够完成这一任务。矢量地图是在特征地图的基础上进一步抽象、处理和标注，抽出路网信息、道路属性信息、道路几何信息以及标识物等抽象信息的地图。它的数据量要小于特征地图，并能够通过路网信息完成点到点的精确路径规划。

3. 辅助环境感知

高精地图可对传感器无法探测的部分进行补充，进行实时状况的监测及外部信息的反馈。传感器作为自动驾驶的眼睛，有其局限所在，如易受恶劣天气的影响，此时可以使用高精地图来获取当前位置的精准交通状况。

高精地图辅助环境感知的原理为：

（1）通过对高精地图模型的提取，可以将车辆位置周边的道路、交通、基础设施等对象及对象之间的关系提取出来,这可以提高车辆对周围环境的鉴别能力。

(2) 一般的地图会过滤掉车辆、行人等活动障碍物,如果无人驾驶车在行驶过程中发现了当前高精地图中没有的物体,这些物体大概率是车辆、行人和障碍物。

高精地图可以看作自动驾驶的传感器,相比传统硬件传感器(雷达、激光雷达或摄像头),在检测静态物体方面,高精地图具有的优势包括:所有方向都可以实现无限广的范围;不受环境、障碍或者其他干扰的影响;可以"检测"所有的静态及半静态的物体;不占用过多的处理能力;已存有检测到的物体的逻辑,包括复杂的关系。

4. 驾驶决策辅助

高精地图除了具备传统电子地图的路网地图数据外,还将大量的道路行车信息存储为结构化数据,这些信息可以分为两类:第一类是道路数据,例如车道线的位置、类型、宽度、坡度和曲率等车道信息;第二类是车道周边的固定对象信息,例如交通标志、交通信号灯等信息,车道限高、下水道口、障碍物及其他道路细节,还包括高架物体、防护栏、树木、道路边缘类型、路边地标等基础设施信息。在自动驾驶汽车的行驶过程中,这些信息将被有效计算,对车道并线、障碍物避让、车辆调速、行车转向的决策起到重要辅助作用。

5. 智能控制辅助

高精地图作为所有行车信息的载体,提供了对所处环境进行精准预判、提前选择合适的行驶策略等功能。通过这种减少传感器计算压力和性能计算瓶颈的方式,使传感控制系统更多关注突发情况,达到自动驾驶过程中智能控制辅助的作用。同时在提升车辆安全性基础上,有效降低了车载传感器和控制系统的成本。

例如在高速公路下匝道时,一般会通过摄像机来探测车道线的变化,以保证车辆在车道内行驶。在车道弯曲度比较大时,摄像机反馈的结果不是很理想,这就需要利用地图的先验数据,根据车辆的姿态来拟合计算车道线的数据。

3.4.3 高精地图的制作

1. 高精地图生产流程

高精地图数据生产包括外业采集、云端自动化处理、数据编辑与质量控制、数据编译与引擎等步骤,如图 3.24 所示。外业采集,通过搭载 GNSS、IMU、LiDAR、摄像头等传感器的专业采集车队,外业实地采集车道线、路沿护栏、交通标牌等信息。通过点云融合、点云识别和图像识别等 AI 技术,在云端实现自动化处理,如图 3.25 所示。利用高精地图编辑工具、生产管理系统,进行地图编辑。基于 ISO 19157/19158、IATF 16949 等质量标准,构建全流程数据质量保障体系。

高精地图需要获取的地物主要包括车道线、道路交通设施(人行横道、转向标志、交通设施等)、车道拓扑网络数据以及其他地物等。根据数据采集方式的不同,高精地图生产方式有所差异。基于移动测绘车采集的数据,前期需要进行点云数据的分区、去噪、拼接等预处理,进而进行矢量化、几何调整、增加属性和拓扑结构建立等加工处理;无人机航测高精地图生产,基于校正、拼接等预处理得到的高精度正射影像图,采用自动与人工相结合的方式进行数据矢量化加工处理;1:500 地形图测绘基于外业采集的数据进行内业地图编绘,通过格式转换、地物分类等进行加工处理。三种高精地图生产过程均需要通过多级质检保证

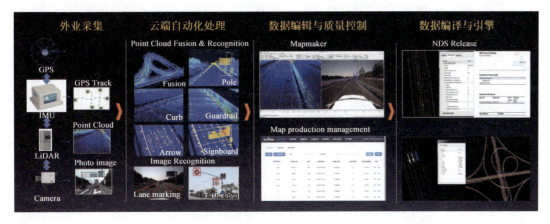

图 3.24　高精地图生产流程

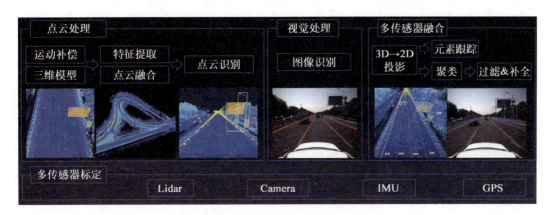

图 3.25　云端自动化处理示意

最终成果数据的可靠性。移动测绘车生产方式目前正在形成一种"专业采集＋众包维护"的地图动态更新方式，无人机航测数据更新则需要重新进行航测，1∶500 地形图测绘采用部分补测的方式实现数据更新。

2. 高精地图采集平台

高精地图的采集需要专用的采集车携带激光雷达、摄像机、GNSS、IMU 等设备进行。激光雷达用来采集点云数据，摄像头采集道路实景图像，GNSS 与 IMU 用来定位。下面介绍采集车用到的主要设备。

惯性测量单元（IMU）：一般使用 6 轴运动处理组件，包含了 3 轴加速度传感器和 3 轴陀螺仪。加速度传感器是力传感器，用来检查上下左右前后哪几个面各受了多少力（包括重力），然后计算每个自由度上的加速度。陀螺仪是角速度检测仪，检测每个自由度上的角加速度。

轮测距器（Wheel Odometer）：可以通过轮测距器推算出无人车的位置。汽车的前轮通常安装了轮测距器，分别会记录左轮与右轮的总转数。通过分析每个时间段里左右轮的转数，可以推算出车辆向前走了多远，向左或向右转了多少角度等。行驶条件的差异，导致随着时间推进，测量偏差会越来越大。

GNSS：确定4颗或更多卫星的位置，并计算出它与每颗卫星之间的距离，然后用这些信息通过三维空间的三边测量法进行定位。要使用距离信息进行定位，接收机还必须知道卫星的确切位置。GNSS接收机储存有星历，其作用是告诉接收机每颗卫星在各个时刻的位置。GNSS误差不会累积，但测量精度有限。

激光雷达（LiDAR）：采集点云信息，进行周围环境的感知与建模。激光雷达采集到的信息是构成高精地图的主要部分。

3. 高精地图的质量要求

高精地图的数据质量主要分为数据完整性、数据可用性、位置准确度、专题准确度、时间准确度、逻辑一致性等6个方面目标，如图3.26所示。

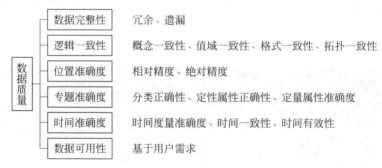

▌图3.26 高精地图质量控制

高精地图的质量标准可分为属性标准和几何标准两个方面。具体而言，属性标准包括属性要素、FPR标准、FNR标准，如图3.27所示。其中属性要素有车道类型等车道信息，路沿、护栏等道路信息，限速、限行等交通信息；几何标准包括绝对精度和相对精度，高精地图的绝对精度在1m左右，不超过2m，相对精度在20cm左右，不超过30cm。

- 属性标准

属性要素	FPR标准	FNR标准
车道线几何	0.50%	0.50%
路沿	0.50%	0.50%
护栏	0.50%	0.50%
车道类型	0.30%	0.30%
车道通行状态	0.10%	0.10%
车道收费情况	0.10%	0.10%
车道线类型	0.20%	0.20%
车道线颜色	0.20%	0.20%
车道线粗细	0.10%	0.10%
限速	1%	1%
Junction	0.50%	0.50%

- 几何标准

绝对精度	相对精度
$\pm 1m, 2\sigma$	$\pm 20cm, 3\sigma$

FNR（遗漏率）和FPR（冗余率）

评估原则：以实地情况为准，作业情况符合实地则为正确，反之则为错误

- 实地存在成果中不存在为遗漏
- 实地不存在成果中存在为冗余
- 成果与实地均存在，但与实地不匹配情况的错误，同时计为冗余和遗漏
- 当实地情况与作业要求不一致时，以实地为准
- 当实地情况在作业范围外而未删除时，计入冗余处理

评估公式：

$$FNR(遗漏率) = 遗漏量/真值$$
$$FPR(冗余率) = 冗余量/真值$$

▌图3.27 高精地图质量标准

3.5 规划与决策系统概述

自动驾驶汽车作为一个复杂的软硬件结合系统,其安全可靠运行需要车载硬件、传感器集成、感知、预测以及控制规划等多个模块紧密协同配合工作。其中最关键的部分是感知预测和控制规划的紧密配合。规划控制广义上可以分为路由寻径(Routing)、行为决策(Behavior Decision)、动作规划(Motion Planning)以及反馈控制(Feedback Control)几个部分,如图3.28所示。

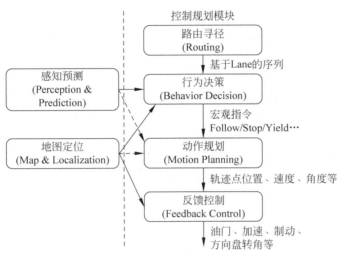

图3.28 规划控制模块

3.5.1 路径规划

路由寻径、行为决策、动作规划三个部分又可统称为路径规划。路径规划部分承接上层感知预测结果,从功能上可分为全局路径规划和局部路径规划。

1. 路由寻径

全局路径规划对应的是路由寻径部分,其作用可以简单理解为实现自动驾驶汽车软件系统内部的导航功能,即在宏观层面上指导自动驾驶汽车软件系统的规划控制模块按照什么样的道路行驶,从而实现从起始点到目的地点。值得注意的是,这里的路由寻径虽然在一定程度上类似传统的导航,但其细节上紧密依赖于专门为自动驾驶汽车导航绘制的高精地图,所以和传统的导航有本质不同。它根据已知电子地图和起点终点信息,采用路径搜索算法搜索出一条最优化的(时间最短、路径长度最短等)全局期望路径。这种规划可以是行驶前离线进行,也可以在行驶中不停地重新规划。全局规划的作用在于产生一条全局路径指引车辆的前进方向,避免车辆盲目地探索环境。在规划全局路径时,不同的环境下常常会选择不同的择优标准。在平面环境中,通常以路径长度最短或时间最短为最优标准。在越野环境的全局路径规划中,经常以"安全性"为最优标准,该标准同时考虑路径可行宽度和路面不平度来充分保证车辆的运行安全。作为整体无人车控制规划系统的最上游模块,路由寻径模块的输出严格依赖无人车高精地图（HD-Map）的绘制。在高精地图定义绘制的路网（Road Graph）的道路（Lane）划分的基础上，以及在一定的最优策略定义下，路由寻径模块需要解决的问题是计算出一个从起点到终点的最佳道路行驶序列。路由寻径问题可以利用常见的 A＊算法或者 Dijkstra 算法来实现。

2．行为决策

路由寻径模块产生的路径信息，直接被中游的行为决策模块所使用。行为决策模块接收路由寻径的结果，同时也接收感知预测和地图信息。综合这些输入信息，行为决策模块在宏观上决定了自动驾驶汽车如何行驶。这些行为层面的决策包括在道路上的正常跟车、在遇到交通信号灯和行人时的等待和避让，以及在路口和其他车辆的交互通过等。行为决策模块根据具体实现形式不同，在宏观上定义的输出指令集合也多种多样。实现行为决策模块的方法相对较多，而且不用遵循非常严格的规则。实际上，在自动驾驶汽车系统设计中，行为决策模块有时被设计成独立的逻辑模块，有时其功能在某种程度上和下游的动作规划模块融合到了一起实现。正是因为行为决策和动作规划需要紧密协调配合，在设计实现两个模块时的一个重要的基本准则是，行为决策模块的输出逻辑需要和下游的动作规划模块的逻辑配合一致。

行为决策层面汇集了所有重要的车辆周边信息，不仅包括了自动驾驶汽车本身的当前位置、速度、朝向以及所处车道，还收集了自动驾驶汽车一定距离以内所有重要的感知相关的障碍物信息。行为决策层需要解决的问题，就是在知晓这些信息的基础上，如何决定自动驾驶汽车的行驶策略。这些信息具体包括以下几点。

（1）所有的路由寻径结果：例如自动驾驶汽车为了到达目的地，需要进入的车道是什么（target lane）。

（2）自动驾驶汽车的当前自身状态：车的位置、速度、朝向、当前主车所在的车道、按照路由寻径结果需要进入的下一个车道等。

（3）自动驾驶汽车的历史信息：在上一个行为决策周期，自动驾驶汽车所做出的决策是跟车、停车、转弯还是换道等其他行为。

（4）自动驾驶汽车周边的障碍物信息：自动驾驶汽车周边一定距离范围内的所有障碍物信息。例如周边的车辆所在的车道，邻近的路口有哪些车辆，它们的速度、位置如何，以及在一个较短的时间内它们的行驶意图和预测的行驶轨迹，周边是否有自行车骑行者或者行人，以及他们的位置、速度、轨迹等。

（5）自动驾驶汽车周边的交通标识信息。

（6）当地的交通规则：例如道路限速，是否可以红灯右转等。

自动驾驶汽车的行为决策模块，就是要在上述所有信息的基础上，做出如何行驶的决策。自动驾驶汽车的行为决策模块是一个信息汇聚的地方。由于需要考虑如此多种不同类型的信息及受到非常本地化的交规限制，行为决策问题往往很难用一个单纯的数学模型来解决。

3．动作规划

局部路径规划对应的是图 3.28 中的动作规划模块，以车辆所在局部坐标系为准，将全局期望路径根据车辆定位信息转化到车辆坐标中表示，以此作为局部参考路径，为局部路径规划提供导向信息。局部期望路径是自动驾驶车辆未来一段时间内期望的行驶路线,因此要求路径的每一点都可以表示车辆状态的信息。局部期望路径可以理解为自动驾驶车辆未来行驶状态的集合,每个路径点的坐标和切向方向就是车辆的位置和航向,路径点的曲率半径就是车辆转弯半径。车辆在实际行驶中,位置、航向和转弯半径是连续变化的,那么生成的路径也要满足位置、切向方向和曲率的连续变化。局部路径规划的作用是基于一定的环境地图寻找一条满足车辆运动学约束和舒适性指标的无碰撞路径。规划出来的局部路径必须具备对全局路径的跟踪能力与避障能力,如基于路径生成与路径选择的局部路径规划方法,路径生成中完成了对全局路径的跟踪,路径选择完成了障碍分析。

3.5.2 路径规划算法介绍

常用的路径规划算法可分为基于采样的路径规划算法以及基于地图的路径搜索算法两大类,每类路径规划算法又都包含一系列算法。基于采样的路径规划算法很早便开始用于车辆路径规划,比较常见的基于采样的路径规划算法有概率图算法(Probabilistic Road Map,PRM)和快速随机扩展树算法(Rapidly-exploring Random Tree,RRT)。概率图算法使用局部规划算法建立随机状态之间的连接关系,从而抽象出概率图,对于确定的起始状态和目标状态,它只需要快速地搜索概率图便可获得路径。快速随机扩展树算法由LaValle和Kuffner提出,它最初专用于解决运动学约束的路径规划问题。

基于地图的路径搜索算法通常采用单元分解法或者道路图法建立环境模型,它通过搜索环境信息的环境地图获得最终路径。在这类搜索方法中,比较有代表性的有深度优先算法(Depth-First Search,DFS)、广度优先搜索算法(Breadth-First Search,BFS)、迭代加深搜索算法(Iterative-Deepening Search,IDS)、等代价搜索算法(Uniform-Cost Search,UCS)和启发式搜索算法(Heuristic Search,HS)等。深度优先搜索算法、广度优先搜索算法、迭代加深搜索算法和等代价搜索算法使用了回溯技术实施搜索,它从起始状态出发沿着树的深度遍历树的节点,尽可能深地搜索树的分支,直至要么到达目标状态,要么到达一个搜索终止点。如果发现了目标状态,它退出搜索并返回解路径;如果到达的是一个搜索终止点,那么它将回溯到路径上含有未搜索过的节点的临近节点,并沿着这个分支继续搜索下去。因此,这类算法比较适合于解决环境中节点数目较少情况下的路径搜索问题,当节点数目比较多时,算法搜索速度慢、效率低。而启发式搜索算法在决定节点扩展顺序的估价函数中引入了启发值,即当前节点状态到目标状态之间的估计消耗,从而引导搜索朝向目标状态的方向,避免了盲目搜索,有助于提高算法的搜索效率,因而启发式搜索算法越来越广泛地应用于路径规划。

3.6 V2X 技术概述

车用无线通信技术(Vehicle to Everything,V2X)是将车辆与一切事物相连接的新一代信息通信技术,其中 V 代表车辆,X 代表任何与车交互信息的对象,当前 X 主要包含车、人、交通路侧基础设施和网络。V2X 概述交互的信息模式包括:车与车之间(Vehicle to Vehicle,V2V)、车与路之间(Vehicle to Road,V2R)、车与路侧基础设施(如红绿灯、交通摄像头、路侧单元等)之间(Vehicle to Infrastructure，V2I)、车与人之间(Vehicle to Pedestrian，V2P)的交互，如图 3.29 所示。

图 3.29　V2X

详细来说，V2X 是一种网状网络，网络中的节点(汽车、智能交通灯等)可以发射、捕获并转发信号。利用 V2X，车辆可以获取周围环境的未知参数及附近车辆的运行状态，这些状态包括速度、位置、行驶方向、制动等基本的安全信息。然后车载端主动安全算法将处理所获取的信息，并按照优先级对信息进行分类，对可能发生的危险情景进行预警，紧急情况下可以利用车辆执行端对车辆进行控制从而规避风险。V2X 技术开启了对四周威胁的 360°智能感知，这一技术能够在各种危险情况下提醒驾驶员，从而大大减少汽车碰撞事故的发生并缓解交通拥堵。

相比传统雷达，V2X 通信传感系统有以下几点优势。

(1) 覆盖面更广。

300～500m 的通信范围相比十几米的雷达探测范围要远得多，不仅是前方障碍物、身旁和身后的建筑物、车辆都会互相连接，大大拓展了驾驶员的视野范围，驾驶员能获得的信息更多更立体。例如，在前车制动初期就能有效甄别，并进行提示，如果距离过近，系统会再次提示，对预判和规避危险也有足够的反应时间，避免出现跟车追尾的情况。

(2) 有效避免盲区。

由于所有物体都接入互联网，每个物体都会有单独的信号显示，因此即便是视野受阻，通过实时发送的信号可以显示视野范围内看不到的物体状态，也就降低了盲区出现的概率，充分避免了因盲区而导致的潜在伤害。

(3) 对于隐私信息的安全保护性更好。

3.6.1　V2X 分系统概述

V2V 是指通过车载终端进行车辆间的通信。车载终端可以实时获取周围车辆的车速、位置、行车情况等信息，车辆间也可以构成一个互动的平台，实时交换文字、图片和视频等信息。将 V2V 技术应用于交通安全领域，能够提高交通的安全系数，作用是减少交通事故，降低直接和非直接的经济损失，以及减少地面交通网络的拥塞。

V2R(Vehicle to Road)是指车与路之间的通信。车-路通信主要面向非安全性应用,以ETC系统为代表。例如,车辆经过特定的ETC车道,在不需停车和收费人员采取任何操作的情况下,能自动完成收费过程。除此之外,如图3.30所示基于车-路通信的专用短程通信应用还可以用于电子地图的下载和交通调度等。

V2I(Vehicle to Infrastructure)是指车载设备与路侧基础设施(如红绿灯、交通摄像头、路侧单元等)进行通信,路侧基础设施也可以获取附近区域车辆的信息并发布各种实时信息。V2I通信主要应用于实时信息服务、车辆监控管理等。

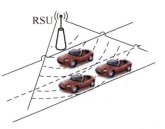
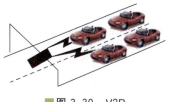
图3.30 V2R

V2P(Vehicle to Pedestrian)是指弱势交通群体(如行人、骑行者等)使用用户设备(如手机、笔记本计算机等)与车载设备进行通信,包括广泛的道路使用者。V2P通信主要应用于信息服务、避免或减少交通事故等。行人检测系统可以在车辆、基础设施或与行人本身一起实现,以向驾驶员、行人或两者提供警告。当车内警报系统变得越来越普遍(例如,盲点警告、前向碰撞警告)时,在车内警告路上有行人存在也是切实可行的。而对于路上的行人来说,最简单和最明显的行人警告系统则是手持设备,例如手机、智能手表等。

现有的一些警告方式有:允许盲人或视力低下的行人的智能电话自动呼叫的应用程序;当信号交叉口的人行横道内的行人在公交车的预定路径中时,利用车内设施警告公交车驾驶员;行人在红灯时横穿道路被警告,以及试图转弯的驾驶员被警告在人行横道上有行人等。

3.6.2 V2X典型应用

借助于人、车、路、云平台之间的全方位连接和高效信息交互,V2X技术目前正从信息服务类应用向交通安全和效率类应用发展,并将逐步向支持实现自动驾驶的协同服务类应用演进。V2X典型的应用场景举例如下。

1. 信息服务典型应用场景

信息服务是提高车主驾车体验的重要应用场景,是V2X应用场景的重要组成部分。典型的信息服务应用场景包括紧急呼叫业务等。紧急呼叫业务是指当车辆出现紧急情况时(如安全气囊引爆或侧翻等),车辆能自动或手动通过网络发起紧急救助,并对外提供基础的数据信息,包括车辆类型、交通事故时间地点等。服务提供方可以是政府紧急救助中心、运营商紧急救助中心或第三方紧急救助中心等。该场景需要车辆具备V2X通信的能力,能与网络建立通信联系。

2. 交通安全典型应用场景

交通安全是V2X最重要的应用场景之一,对于避免交通事故、降低事故带来的生命财产损失有十分重要的意义。典型的交通安全应用场景包括交叉路口碰撞预警等。

交叉路口碰撞预警是指,在交叉路口,车辆探测到与侧向行驶的车辆有碰撞风险时,通过预警声音或影像提醒驾驶员以避免碰撞。该场景下车辆需要具备广播和接收 V2X 消息的能力。

3. 交通效率典型应用场景

提高交通效率是 V2X 的重要应用场景,同时也是智慧交通的重要组成部分,对于缓解城市交通拥堵、节能减排具有十分重要的意义。典型的交通效率应用场景包括车速引导等。车速引导是指路边单元(RSU)收集交通信号灯的配时信息,并将交通信号灯当前所处状态及当前状态剩余时间等信息广播给周围车辆。车辆收到该信息后,结合当前车速、位置等信息,计算出建议行驶速度,并向车主进行提示,以提高车辆不停车通过交叉口的可能性。该场景需要 RSU 具备收集交通信号灯信息并向车辆广播 V2X 消息的能力,周边车辆具备收发 V2X 消息的能力。

4. 自动驾驶典型应用场景

与现有的摄像头视频识别、毫米波雷达和激光雷达类似,V2X 是获得其他车辆、行人运动状态(车速、制动、变道)的另一种信息交互手段,并且不容易受到天气、障碍物以及距离等因素的影响。同时,V2X 也有助于为自动驾驶的产业化发展构建一个共享分时租赁,车、路、人、云协同的综合服务体系。目前,典型的自动驾驶应用场景包括车辆编队行驶、远程遥控驾驶等。车辆编队行驶是指头车为有人驾驶车辆或自主式自动驾驶车辆,后车通过 V2X 通信与头车保持实时信息交互,在一定的速度下实现一定车间距的多车稳定跟车,具备车道保持与跟踪、协作式自适应巡航、协作式紧急制动、协作式换道提醒、出入编队等多种应用功能。远程遥控驾驶是指驾驶员通过驾驶操控台远程操作车辆行驶。搭载在车辆上的摄像头、雷达等,通过 5G 网络将多路感知信息实时传达到远程驾驶操控台;驾驶员对于车辆方向盘、油门和制动的操控信号,通过 5G 网络,低时延、高可靠、实时传达到车辆上,轻松准确地对车辆进行前进、加速、制动、转弯、后退等驾驶操作。

近年来,我国在汽车制造、通信与信息以及道路基础设施建设等方面均取得了长足的进步。汽车产业整体规模保持世界领先,自主品牌市场份额逐步提高,核心技术不断取得突破。信息通信领域涌现一批世界级领军企业,通信设备制造商已进入世界第一阵营,在国际 V2X、5G 等新一代通信标准的制定中也发挥了越来越重要的作用。在国家基础设施建设方面,宽带网络和高速公路网快速发展,规模位居世界首位,北斗卫星导航系统可面向全国提供高精度时空服务。我国具备推动 V2X 产业发展的基础环境,能够进一步推动 V2X 技术产业化发展和应用的推广。

参考文献

[1] 刘博聪,刘少山,James Peng.【无人驾驶技术系列】光学雷达(LiDAR)在无人驾驶技术中的应用[EB/OL]. http://www.vccoo.com/v/427451,2016-09-16.
[2] 李倩. 主流的无人驾驶传感平台以雷达和车载摄像头为主,并呈现多传感器融合发展的趋势[EB/OL]. http://m.elecfans.com/article/694479.html,2018-06-13.
[3] 英博看车. 智能汽车:从 ADAS 到无人驾驶——元器件篇[EB/OL]. http://info.carec.hc360.com/2016/06/201425600872.shtml,2016-06-20.
[4] 曹悦恒,张少杰. 汽车产业国际竞争力对比研究[J]. 当代经济研究,2017(11):90-96.

- [5] 涂林峰. 盾和弹之间的那点事(二十)——制导篇：毫米波雷达制导[J]. 兵器知识,2019(1).
- [6] 刁宁辉. 扇形波束旋转扫描散射计数据地理定位方法研究[D]. 国家海洋环境预报研究中心,2012.
- [7] 刘国荣. 基于图像的车道线检测与跟踪算法研究[D]. 湖南大学.
- [8] 程鹏飞,秘金钟,王华. 国内部分 IGS 站点汶川地震前后的时变特征[J]. 全球定位系统,2008,33(5).
- [9] 杨海波. 列车组合定位系统数据的仿真方法研究[D]. 北京交通大学,2011.
- [10] 张杰. GPS 导航系统 L2C 信号的跟踪算法及其实现研究[D]. 南京邮电大学,2014.
- [11] 李东亚. GNSS 系统中镜像抑制混频器的设计[D]. 西安邮电大学,2018.
- [12] 汤先鹏. 高性能导航收发信机射频电路若干关键技术研究[D]. 国防科学技术大学,2016.
- [13] 夏敬潮. 融合泛在无线信号与 GNSS 的室内外定位方法研究[D]. 2015.
- [14] 丁俊杰,胡昌华. 连续运行基准站系统 CORS 综述[D]. 黄河规划设计,2008(04).
- [15] 王卫国. 数据融合方法及其应用技术的研究[D]. 河北理工大学,2005.
- [16] 李鹏. 卡尔曼滤波在信息融合理论中的应用[D]. 西安电子科技大学,2008.
- [17] 王鹏. 船舶综合导航多源信息融合技术研究[D]. 江苏科技大学,2014.
- [18] 黄贤源. 基于现代时间序列分析的动态数据处理方法研究[D]. 解放军信息工程大学,2008.
- [19] 晏黎明,况太君,熊超. GPS RTK 作业几种模式探讨[J]. 人民长江,2009,40(22):37-39.
- [20] 王会清,韩艳玲. 基于多传感器与数据融合技术的研究[J]. 计算机与现代化,2002(9):64-67.
- [21] 黎天人. 无线传感器网络中分层簇类数据融合算法的研究[D]. 湖南大学,2009.
- [22] 王会清,韩艳玲. 基于多传感器与数据融合技术的研究[J]. 计算机与现代化,2002(9):64-67.
- [23] 杨永平,刘迪,邓标. 网络 RTK 技术在电力线路测量中的应用[J]. 云南电力技术,2012,40(3):57-58.
- [24] 张杰. 基于 Web 的传感器网络网关的研究与实现[D]. 重庆大学,2007.
- [25] 尚魏. 多源日志安全信息的融合技术研究[D]. 哈尔滨工程大学,2010.
- [26] 杨伟伟. 基于可编程阵列的仿生自修复无线传感网络节点研制[D]. 南京航空航天大学.2009.
- [27] 刘登第,傅惠民,殷刚. 一种新的数据融合方法[J]. 中国安全科学学报,1998(6):1-4.
- [28] 丁凯. 信息融合技术在舰船组合导航系统中的应用研究[D]. 哈尔滨工程大学,2006.
- [29] 穆加艳. 雷达数据与 AIS 数据融合的应用研究[D]. 南京理工大学,2011.
- [30] 樊之旭. GPS 差分协议分析[J]. 河南科技:上半月,2011(6):52-53.
- [31] 于润东,余冰雁,李新洲. C-V2X 标准化进展与测试验证[J]. 信息通信技术与政策,2018,No.289(07):68-72.
- [32] 陈宗娟,孙二鑫,李丹丹. 高精地图现状分析与实现方案研究[J]. 电脑知识与技术,2018(2):270-272.
- [33] 王涛,陈艳丽,贾双成. 简述高精地图的特点[J]. 软件,2018,39(09):191-195.
- [34] 刘华,乔成磊,张亚萍. 车联网对汽车行业的影响[J]. 上海汽车,2016(1):31-37.
- [35] 林玮平.自动驾驶及关键技术 V2X 研究.广东通信技术,2018(11):44-48.
- [36] 赵军辉,彭巍,史家康. 应用于智能运输系统的专用短程通信[J]. 运输经理世界,2011(9):94-95.
- [37] 刘富强,孙斌,王新红. 基于 DSRC 的车载通信平台设计[J]. 今日电子,2009(9):51-53.
- [38] 蒋键. 智能车辆越野环境路径规划[D].北京理工大学,2016.

第4章 自动驾驶汽车开发平台

4.1 开发平台概述

自动驾驶汽车是一个集环境感知、规划决策、智能控制等众多自动驾驶功能模块为一体的综合系统，涉及传感、通信、计算机、电子、自动控制、车辆动力学等众多技术领域。跨学科、多交叉的自动驾驶汽车开发需要相关技术人员可以模块化并行开发各个子系统。

自动驾驶开发平台是各驾驶功能模块的集中配置管理平台，用于模块化开发和管理不同部件功能。这种基于开发平台的模块化部署可以极大提高研发效率并节约成本。自动驾驶系统的功能开发需要依赖接口友好的车辆开发平台，包括硬件平台和软件平台。本章将就自动驾驶汽车开发平台展开叙述。

4.2 硬件平台

自动驾驶硬件平台直接决定了系统的感知能力、运算能力、功耗强度、可靠性等。自动驾驶硬件平台可分为传感器平台、计算平台、线控车辆平台3部分。

4.2.1 传感器平台

自动驾驶常用车载传感器包括雷达、车载摄像头、定位定姿传感器等。传感器的种类多样，环境感知范围也有所不同。根据不同传感器的优缺点，各传感器组合使用，功能互补、互为备份、互相辅助。

雷达传感器在自动驾驶中应用最为广泛，类别最多，包括激光雷达、毫米波雷达等。

激光雷达（LiDAR）具有较高的距离、角度、速度分辨率，抗干扰能力强，点云信息丰富，不易受光照条件影响，可用于全天工作。基于以上特点，激光雷达多用于三维环境建模和同步定位与建图。激光雷达的线数和探测距离是影响雷达感知的主要原因，也是决定价格的重要因素。单线雷达获取二维数据,但无法获得高度信息。相比之下,多线雷达可以获取三维数据,精度明显高于单线雷达。目前,主流的多线激光雷达有 4 线、8 线、16 线、32 线和 64 线。图 4.1 为 Velodyne 公司的激光雷达产品。

■ 图 4.1 激光雷达

毫米波雷达的探测距离远,测速、测距精度高,可全天候工作,成本较低。目前,毫米波雷达已经被广泛用于驾驶辅助功能,如自适应巡航控制、前方碰撞预警和紧急辅助制动等。但是,毫米波雷达的可视范围较小,一般需要多雷达组合使用。毫米波雷达如图 4.2 所示。

车载摄像头是重要的自动驾驶车载传感器。摄像头的感知图像信息覆盖内容丰富,成本较低。目前,车载摄像头分为单目和双目两种。单目摄像头主要基于机器学习,对图像数据进行训练和学习,用于环境感知。双目摄像头基于视差原理测量驾驶环境,测距精度较高。在摄像头的布置应用中,前视摄像头一般安装在前挡风玻璃上方,感知行车前方环境、检测目标;车尾布置后视摄像头;环视摄像头一般安装在车辆前、后、左、右侧,实现 360°环境感知。图 4.3 为一款单目摄像头。

■ 图 4.2 毫米波雷达　　　　■ 图 4.3 单目摄像头

GNSS 系统在车辆的定位中十分关键,但是 GNSS 信号容易受到楼宇、树荫等影响,导致定位漂移。另外,由于 GNSS 的更新频率低(10Hz),在车辆快速行驶时很难给出精准的实时定位。单纯依赖 GNSS 的导航很有可能导致交通事故。惯性传感器(IMU)可以在短时间内提供稳定的位置更新,但是定位误差会随时间累积。因此,GNSS 通常辅助以惯性传感器用来增强定位的精度。这两种传感器的数据通过卡尔曼滤波技术实时融合,可以实现导航设备的优势互补,提高定位精度和适用范围。图 4.4 为 GNSS/IMU 组合导航系统。

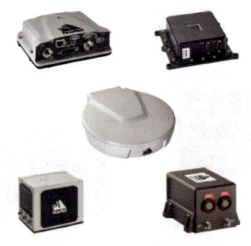

■图 4.4　GNSS/IMU 组合导航系统

4.2.2　计算平台

自动驾驶系统各模块实时运行过程中,会产生大量的数据。以感知传感器为代表,数据量大,实时性要求高。因此,需要选择性能强劲的计算平台完成实时大规模数据处理任务。计算平台的性能对自动驾驶的安全性、可靠性、实时性非常重要。目前主流的计算平台包括基于 GPU、DSP、FPGA、ASIC 等方案的计算平台。

英伟达公司(NVIDIA)的 PX 平台是基于 GPU 的自动驾驶计算平台,支持多路摄像头、激光雷达、超声波雷达、定位等感知设备输入。Drive PX Pegasus 基于英伟达的 CUDA GPU,内置 4 个 AI 处理器,其中两个为 Xavier SoC 芯片,另外两个为独立 GPU,用于强化深度学习和计算机视觉。图 4.5 为 NVIDIA PX 计算平台。

德州仪器公司的 TDA2x SoC 是基于 DSP 的自动驾驶计算平台。该计算平台有两个浮点 DSP 内核 C66x 和 4 个专为视觉处理设计的完全可编程的视觉加速器,可实现各摄像头应用同步运行,用于车道保持、自适应巡航、目标检测等驾驶功能。同时,该计算平台也可用于摄像头、雷达等感知传感器的数据融合处理。图 4.6 为 TDA2x SoC 计算平台。

■图 4.5　NVIDIA PX[2]　　　　　　　　　　■图 4.6　TDA2x SoC[3]

Altera 公司的 Cyclone V SoC 是基于 FPGA 的自动驾驶计算平台,集成了基于 ARM 处理器的硬件处理器系统,具有有效的逻辑综合功能。该方案可为传感器融合提供优化,可结合分析来自多个传感器的数据以完成高度可靠的物体检测。

Mobileye 公司正在开发的 Mobileye EyeQ5 是基于 ASIC 的自动驾驶视觉芯片。Mobileye EyeQ5 芯片装备了 8 枚多线程 CPU 内核,同时搭载 18 枚 Mobileye 的视觉处理器。EyeQ5 SOC 装备有 4 种异构的全编程加速器,对计算机视觉、信号处理和机器学习等算法进行了优化。

4.2.3 线控车辆平台

自动驾驶系统中除了根据感知传感器实时获取的数据进行处理与决策,最终还要完成车辆动力系统及相关机械器件的配合控制,实现驾驶操作的执行,这就需要提供稳定可靠的线控车辆平台。通常来说,线控车辆平台包括车辆线控和通信总线。

汽车线控技术颠覆传统传动机构,正在推动着自动驾驶技术的发展。线控技术的主要特征是执行机构与操纵机构没有直接的机械连接,驾驶意图将转换成对应的电信号驱动执行机构精确运动。基于线控技术,自动驾驶控制器可以通过通信总线发送响应驾驶动作指令,完成机械控制。通信总线如 CAN、USB3.0、LIN 等,用于实现数据和指令的有效传递。图 4.7 为 Apollo 线控车辆平台。

图 4.7 线控车辆平台

4.3 软件开源平台

自动驾驶系统涵盖多个软件模块,如感知、规划、控制等,同时整合了各硬件模块,如传感器模块、计算平台、线控车辆平台等。软硬件资源的有效调配十分关键,需要一个稳定、可靠的操作系统平台搭建自动驾驶软件模块。

4.3.1 ROS 介绍

ROS(Robot Operating System)是一个应用广泛的机器人系统软件框架。2007 年,斯坦福大学人工智能实验室在斯坦福 AI 项目中开发了 ROS,2008 年之后就由机器人技术公司 Willow Garage 来进行推动研发,如今已经被机器人领域广泛使用。

ROS 是面向机器人开发的开源的元操作系统(meta-operating system),它能够提供类似传统操作系统的诸多功能,如硬件抽象、底层设备控制、常用功能实现、进程间消息传递和程序包管理等。此外，它还提供相关工具和库，用于获取、编译、编辑代码以及在多个计算机之间运行程序完成分布式计算。目前，ROS 已经有很多知名的机器人开源库，如计算机视觉工具、点云处理驱动、3D 建模与仿真、坐标转换等。综合来说，ROS 提供了一种发布和订阅的通信框架，实现简便快速地搭建分布式计算系统；提供了大量简洁的工具，实现计算系统的配置、启动、调试、可视化、测试；具备定位、控制、规划、决策等功能开发资源；提供了一个强大的技术支持社区[5]。

4.3.2 ROS 特点

ROS 系统具备以下特点。

（1）点对点设计：一个使用 ROS 的系统包括一系列进程，这些进程存在于多个不同的主机并且在运行过程中通过端对端的拓扑结构进行联系。虽然基于中心服务器的那些软件框架也可以实现多进程和多主机的优势，但是在这些框架中，当各计算机通过不同的网络进行连接时，中心数据服务器就会发生问题。ROS 的点对点设计以及服务和节点管理器等机制可以分散由计算机视觉和语音识别等功能带来的实时计算压力，能够适应多机器人系统遇到的挑战。

（2）多语言支持：ROS 现在支持许多种编程语言，例如 C++、Python、Octave 和 LISP，也包含其他语言的多种接口实现。ROS 的特殊性主要体现在消息通信层，端对端的连接和配置利用 XML-RPC 机制进行实现，XML-RPC 也包含了大多数主要语言的合理实现描述。为了支持交叉语言，ROS 利用了简单的、语言无关的接口定义语言去描述模块之间的消息传送。接口定义语言使用了简短的文本去描述每条消息的结构，也允许消息的合成。

（3）精简与集成：ROS 建立的系统具有模块化的特点，各模块中的代码可以单独编译，而且编译使用的 CMake 工具使其很容易就实现精简的理念。ROS 将复杂的代码封装在库里，只是创建了一些小的应用程序显示库的功能。单元测试也变得较为容易，一个单独的测试程序可以测试库中很多的功能。ROS 可以不断地从社区维护中进行升级，包括从其他的软件库、应用补丁中升级 ROS 的源代码。

（4）工具包丰富：为了管理复杂的 ROS 软件框架，开发者利用大量的小工具去编译和运行多种多样的 ROS 系统。这些工具承担各种任务，例如，组织源代码的结构、获取和设置配置参数、形象化端对端的拓扑连接、测量频带使用宽度、描绘信息数据、自动生成文档等。

（5）免费开源：ROS 遵从 BSD 协议，大部分源代码都是公开发布的。开发者可以根据自身系统设计需要，进行二次开发[6]。

4.3.3 ROS 文件系统层

在 ROS 系统中，不同程序组件需要根据功能放在不同的文件夹下。ROS 文件系统层如图 4.8 所示。

功能包（Package）：一个功能包具有用于创建 ROS 代码的最小结构和最少内容，是 ROS 中软件组织的基本形式。一个 Package 包含节点（ROS runtime processes）、ROS 程序库（ROS-dependent library）、数据集（datasets）、配置文件（configuration）等。

综合功能包（Metapackage）：综合功能包是一组具体的服务相关的功能包。

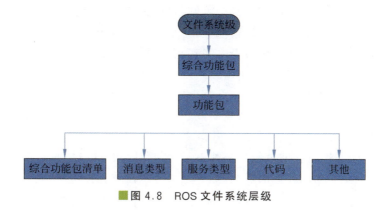

■图 4.8　ROS 文件系统层级

综合功能包清单（Metapackage manifest）：描述一个 package 的元信息，包括 package 的名字、版本、功能简述、证书信息、依赖关系等。

消息类型（Message type）：消息是一个进程发送到其他进程的信息。ROS 系统有很多的标准类型消息，存储在 Message 文件中。

服务类型（Service type）：服务描述说明定义了 ROS 服务通信中请求和响应的数据结构，存储在 Service 文件中。

4.3.4　ROS 计算图层

计算图层是 ROS 在点对点网络里整合并处理数据的过程。基本计算图层概念包括节点、节点管理器、参数服务器、消息、服务、主题和消息记录包，如图 4.9 所示[7]。

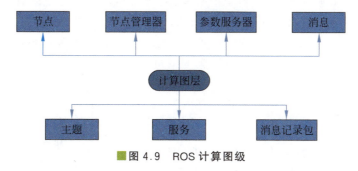

■图 4.9　ROS 计算图级

节点（Node）：节点是主要的计算执行进程。一个机器人控制系统通常由很多节点组成。例如一个节点处理雷达点云、一个节点执行定位、一个节点执行路径规划。节点需要使用 ROS 客户端编写，如 roscpp 或 rospy。

节点管理器（Master）：节点管理器用于在计算图层中注册或查找节点名称。如果没有节点管理器，就不会有节点、消息、服务之间的通信。

参数服务器（Parameter Server）：参数服务器能够使数据通过关键词存储在系统的核心位置。

消息（Message）：节点之间通过传递消息实现通信，消息实际上是一种数据结构。ROS 中包含很多标准类型的消息，也可以自定义消息类型。

主题（Topic）：在 ROS 中消息以一种发布/订阅的方式传递。一个节点可以在给定的主题中发布消息。一个节点可以订阅某个主题,接收该主题上来自其他节点的消息。一个主题内可以同时由多个节点订阅和发布消息,一个节点也可以订阅多个主题或者发布消息到多个主题内。消息的订阅者和发布者之间互相解耦,无须知道对方的存在。主题的名称不能重复,以避免同名主题产生消息路由错误。

服务(Service):当需要从某一个节点获得一个请求或应答时,就不能依靠主题来实现了。但是,服务可以允许直接与某个节点交互。服务由一对消息结构定义,一个用于请求,另一个用于应答。

消息记录包(Bag):消息记录包是一种用于保存和回放 ROS 消息数据的文件格式。消息记录包是一种重要的存储数据的机制,能够记录传感器数据。

4.4 整体开放平台

自动驾驶开放平台是指,通过公开程序编程接口(API)或函数使外部程序可以调用系统功能或集成系统功能的软硬件结合的平台方案。自动驾驶系统的开放平台将助力汽车行业及自动驾驶领域的合作伙伴结合车辆和硬件系统,快速搭建一套属于自己的自动驾驶系统。目前,业界知名的自动驾驶开放平台主要是百度 Apollo(阿波罗),这是一个开放、完整、安全的平台[1]。

自动驾驶开放平台可以实现资源共享和创新加速。Apollo 开放平台提供覆盖广、高度自动化的高精地图服务,开放使用基于大量真实数据的仿真引擎,并公开发布了基于端到端深度学习的自动驾驶算法。

基于自动驾驶开放平台,可以更快地研发、测试和部署自动驾驶车辆。参与者越多,积累的行驶数据就越多。开放系统将加速自动驾驶技术的成熟,实现持续共赢。

Apollo 作为一个开放的、完整的开放平台,现在已经更新了 Apollo 3.5,其系统架构如图 4.10 所示,本节将简要介绍关键组件,第 5 章将会详细介绍 Apollo 平台。

Apollo 3.5 架构图

云服务平台	高清地图	仿真平台	数据平台	安全模块	在线升级(OTA)	DuerOS	量产服务组件	V2X路侧服务
开放软件平台	地图引擎	定位模块	感知模块	规划模块	控制模块	端到端(End-to-End)	人机交互接口(HMI)	V2X适配器
	Apollo Cyber RT 框架							
	实时操作系统(RTOS)							
硬件开发平台	计算单元	GPS/IMU	摄像头	激光雷达	毫米波雷达	超声波雷达	人机交互接口(HMI)设备	黑盒子(Black Box)	Apollo传感器单元	Apollo扩展单元	V2X车载终端
开放车辆认证平台	Apollo 认证线控车辆					开放车辆接口标准		

■ 图 4.10 Apollo 3.5 架构图

4.4.1 硬件平台

车载硬件是自动驾驶必不可少的部分。Apollo 自动驾驶开放平台提供了完整的硬件设备参考,包括指定线控车辆、核心硬件选型及辅助硬件设备。为摄像头、激光雷达、毫米波雷达、GNSS/IMU、计算单元等硬件选择与安装提供了参考指南,为软件集成及车辆上路提供可靠保障,Apollo 的硬件平台架构及数据流程图如图 4.11 所示。

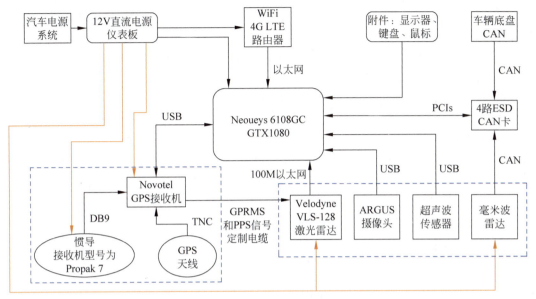

图 4.11 硬件平台架构及数据流程图

4.4.2 软件平台

Apollo 软件平台主要由如下模块构成。

(1) 感知:该模块通过安装在车身的各类传感器如激光雷达、摄像头和毫米波雷达等,获取车辆周边的环境数据。利用多传感器融合技术,车端感知算法能够实时计算出环境中自动驾驶汽车的位置、类别和速度方向等信息。自动驾驶感知系统需要大数据和深度学习技术的支持。Apollo 中的学习样本是由大量真实路测数据经过专业人员的标注而来;大规模深度学习平台和 GPU 集群大幅缩短了离线学习大量样本耗费的时间。训练好的最新模型可以通过在线更新的方式从云端更新到车载大脑。"人工智能+数据驱动"的解决方案使无人车感知系统能够不断提高检测识别能力,为自动驾驶的决策规划控制模块提供准确、稳定、可靠的输入。

(2) 决策规划:自动驾驶汽车能够根据实时路况、道路限速等情况做出相应的轨迹预测和智能规划,同时兼顾安全性和舒适性,提高行驶效率。

(3) 智能控制:自动驾驶汽车的控制能够适应不同路况、不同车速、不同车型的底盘交互协议,具有精准性、普适性和自适应性。

(4) 地图引擎:该模块用于车载终端的高精地图数据管理服务,封装了地图数据的组织管理机制,为应用层模块提供统一数据查询接口。它包含元素检索、空间检索、格式适配、缓存管理等核心能力,并提供了模块化、层次化、可高度定制化、灵活高效的编程接口。

4.4.3 云端平台

云端平台也是 Apollo 整体方案的重要组成部分,其主要包含以下功能模块。

(1) 高精地图定位:基于 GNSS、IMU、高精地图以及多种传感器数据的自定位系统可实现厘米级定位。

(2) 仿真:仿真服务拥有大量的实际路况及自动驾驶场景数据,基于大规模云端计算容量,具有日行百万千米的虚拟运行能力。通过开放的仿真服务,Apollo 平台使用者可以接入自动驾驶场景,快速完成测试、验证和模型优化等一系列工作。

(3) 数据开放平台:Apollo 数据开放平台将通过开源代码和开放数据,形成"车端+云端"的完整开放生态,具有较强软件和算法的研发能力。

(4) 安全方案:Apollo 提供了 4S 安全解决方案,Scan 漏洞扫描,Shield 安全防御,See 可视化监控,Save 免召回修复,来实现车辆信息安全。Apollo 安全解决方案将在 4.5 节详细介绍。

4.5 安全解决方案

目前自动驾驶的安全问题备受关注,如何保证无人车的系统安全是十分重要的课题。自动驾驶汽车的安全问题涉及自动驾驶系统的每一层级,包括传感器、操作系统、控制系统、车联网系统等。首先,针对传感器的攻击简单直接,可以通过外界环境干扰威胁车辆行驶安全。第二,如果自动驾驶操作系统被入侵,将造成系统崩溃、信息泄露等问题。第三,自动驾驶控制系统一旦被非法侵入,车辆底层机械部件将完全受制于非法人员,严重威胁行车安全。第四,车联网系统的安全直接关系车队通信安全。

4.5.1 潜在威胁与对应方案

1. 传感器安全

车辆感知传感器位于整个计算系统的最前端,外部干扰就能直接影响安全问题。单独来讲,GNSS 信号容易受到附近大功率假 GNSS 信号的干扰;强磁场可以干扰 IMU 的测量;强反光物可以通过影响激光反射时间干扰激光雷达的工作;环境中的干扰目标很容易影响计算机视觉的检测效果。虽然,单个传感器工作状态很容易受到外界环境干扰,但是同时攻击所有的传感器难度较大。可以通过多传感器融合技术,检测传感器数据的一致性,进而保障传感器层级的安全性、可靠性。

2. 操作系统安全

大部分的自动驾驶操作系统均基于 ROS 框架实现。首先,当其中一个节点被劫持,可以通过不断分配内存导致系统崩溃。为解决这个问题,可以使用容器机制,如 LXC,用来隔离进程和资源。其次,当某主题或者服务被劫持,非法入侵者可以伪造消息,造成系统异常。可以采用通信加密算法,如 DES 加密算法,对 ROS 节点间的通信进行加密处理,保障自动驾驶操作系统的安全。

3. 控制系统安全

车辆的 CAN 总线连接着车内所有的电子控制单元，一旦 CAN 总线被破解并非法入侵，将严重威胁驾驶安全。车载 OBD、电动车充电器、车载蓝牙等都可能成为非法入侵 CAN 总线的端口。通常，解决办法是对车载电子控制单元的通信进行加密认证。目前提出的安全验证方案包括 TLS 安全协议、TESLA 安全协议、LASAN 安全协议等。

4. 车联网系统安全

车联网通信机制（V2X）包含各种车辆通信的情景，如车与车通信 V2V、车与路通信 V2I、车与人通信 V2P 等。为了实现 V2X 的安全，欧盟发起的 PRESERVE 项目提出了符合 V2X 安全标准的硬件、软件和安全证书架构。硬件方面，提出了设计安全存储硬件，以及使用 ASIC 硬件加速加解密。软件方面，提供了一整套开源软件栈，包含加密解密软件库、电子证书认证库等。为了确保信息来源于可信设备，可使用受信任的证书颁发机构提供的安全证书与密钥。

4.5.2 Apollo 安全方案

随着全球汽车逐步智能化、网联化，面对用户隐私被黑客窃取，行车安全受到威胁、车辆因信息安全漏洞被召回等问题，汽车信息安全愈发重要。Apollo 自动驾驶开发平台依托 Apollo 生态，通过与车企的深度合作，实现底层控车防御能力。同时，百度 Apollo 提出了自动驾驶汽车全生命周期的 4S 信息安全解决方案：Scan、Shield、See、Save。

Scan：在车辆生产环节为车辆提供全面扫描，检测安全漏洞。同时，在这一环节也将提供安全评估报告并提供修复方案。

Shield：基于隔离和可信的体系，提供完善的安全框架及系统组件，以避免网络入侵，保障用户隐私和汽车信息安全。

See：基于车端预装的安全防御产品，时刻监控车辆的安全状态及处理状况。通过百度的智慧数据与云端能力，提供威胁趋势预测和监护。

Save：当新型攻击出现时，Apollo 平台可以提供及时的应急处理服务，紧急修复漏洞，云端升级系统，使得车辆在免于召回的情况下得到安全巩固。

1. 车辆入侵检测防御系统

车辆入侵检测防御系统（IDPS）通过检测系统合法性、阻止恶意或未经授权的软件安装、检测可疑的应用连接和隐私数据访问，来保障车辆娱乐系统及通信系统的安全性。该系统可以阻断非受信软件的安装和执行，防止受信软件被卸载和篡改。基于硬件可信，保证每个环节所执行代码的可信度。可以对系统异常行为进行检测，抵御越权攻击。该系统具有 CAN 指令过滤功能，可识别风险控车指令。

2. 车载防火墙

车载防火墙（Car FireWall）通过部署在车载网关上，监控整个网络通信，发现并且阻止异常的网络行为及非可信车辆的操作指令，保证车载网络安全。这种方案通过区域隔离实现了车载网络和因特网的安全隔离。同时，防火墙支持 IP、Port 访问控制，支持基于 App 的网络访问控制。基于协议识别的应用层可以安全过滤协议通信。基于实时网络异常流量的检测、告警、阻断,阻止网络异常。基于内核驱动技术实现日志落盘、安全审计功能。

3. 安全升级套件

安全升级套件(Sec-OTA)保证升级的安全可靠。该套件支持 Android、Linux 系统,支持 Python、Java、C++接口,支持 Android recovery 模式。其提供车端及云端 SDK 及运营工具,简单易用、易于运营、集成部署,支持业务数据电子信封传输,不依赖 TLS 实现数据安全传输。支持安装包分片校验,减小内存占用,节省硬件成本。支持网络升级及 USB 离线升级。

4. 芯片级 ECU 信息安全解决方案

Apollo 在 Gateway、ECU 内集成 CAN 防火墙,提供芯片级安全启动、安全升级、通信安全、接入认证、入侵检测防御系统,阻断黑客入侵,保护车内网络安全。可实现软硬一体,深入芯片层保障控车安全。通信加密可实现微秒级响应,无须更改电路、无须更改原有软件架构,可部署在网关或相关 ECU 上。

参考文献

[1] [2018-9-20]. http://apollo.auto.
[2] [2018-10-1]. https://www.nvidia.cn/self-driving-cars/drive-platform.
[3] [2018-11-3]. http://www.ti.com.cn/tool/cn/tda2evm5777?jktype=tools_software.
[4] [2018-11-12]. https://www.intel.com/content/dam/www/programmable/us/en/pdfs/literature/manual/rm_cv_soc_dev_board.pdf.
[5] [2018-11-9]. http://www.ros.org.
[6] 佚名. 开源机器人操作系统——ROS[M]. 2012.
[7] 佚名. ROS 机器人程序设计:Learning ROS for robotics programming[M]. 2014.
[8] 安峰. 基于开源操作系统 ROS 的机器人软件开发[J]. 单片机与嵌入式系统应用,2017(5).
[9] 徐天文. 人工智能驾驶技术商业化研究[D]. 首都经济贸易大学,2018.
[10] 詹文强. 机器人室内定位应用技术研究[D]. 武汉工程大学,2016.
[11] 刘伟. 如何实现服务机器人的运算与控制[J]. 物联网技术,2017(03):16-17+19.
[12] 王小宇,李彩虹,宋莉. 基于 Raspberry Pi 的轮式移动机器人设计及运动控制[J]. 山东理工大学学报(自然科学版),2017(05):58-62.
[13] 何洋. 基于最大熵多移动机器人气味源定位[D]. 杭州电子科技大学,2015.
[14] 李德毅,赵菲,刘萌. 自动驾驶量产的难点分析及展望[J]. 武汉大学学报(信息科学版),2018,43(12):22-26.
[15] 赵乐. 微小型多旋翼无人机 LiDar 子系统设计[D]. 内蒙古工业大学,2018.
[16] 宋慧欣. 机器人操作系统新发展[J]. 自动化博览,2016(9):32-33.
[17] 苏季. 百度 All in AI[J]. 科学大观园,2018(2):14-17.
[18] 王德光,王博恒. 基于 ROS 的七自由度机械臂仿真与运动规划[J]. 科技与创新,2018(2).

第5章 Apollo平台介绍

5.1 Apollo平台概述

5.1.1 Apollo平台发展历程

2017年7月,百度AI开发者大会在北京国际会议中心召开。会上,时任百度董事会副主席、集团总裁兼首席运营官陆奇正式宣布Apollo 1.0开放平台上线,开放源代码,并且公布了Apollo计划核心技术的总体技术框架及详细的开放计划。即日起,所有开发者都可以在GitHub上找到并使用Apollo 1.0的源代码。Apollo在GitHub上的网址是:https://github.com/ApolloAuto。

Apollo(阿波罗)是一个开放和完整平台,可以帮助汽车行业及自动驾驶领域的合作伙伴整合自身的车辆和硬件系统,快速搭建一套属于自己的自动驾驶系统。与封闭的系统相比,开源的Apollo平台项目的参与者越多,积累的行驶数据就越多,能以更快的速度成熟,从而推动自动驾驶产业快速发展。

Apollo 1.0版本具有在封闭区域循迹自动驾驶的能力和自定位的能力。Apollo 1.0的主要目的是降低自动驾驶的准入门槛。对于自动驾驶行业的初创公司或者缺乏相关积累的整车厂来说,在Apollo 1.0平台上进行二次开发无疑是一种既省时又省力的方法。

2017年9月,Apollo 1.5版本正式上线。相比Apollo 1.0版本,增加了65 000行代码,并新开放了障碍物感知、决策规划、云端仿真、高精地图和端到端的深度学习算法这5种新能力。相比Apollo 1.0只能在封闭区域内行驶,Apollo 1.5版本实现了无人驾驶车辆在固定车道的循迹驾驶。同时,Apollo 1.5实现了无人驾驶的完整框架,为未来的发展奠定了良好的基础。

2018年1月,百度在拉斯维加斯的CES(International Consumer Electronics Show,国际消费电子产品展)大会上正式发布了Apollo 2.0。相比1.5版本,Apollo 2.0在4个方面进行了升级。

（1）解决方案的完整性。Apollo 2.0 支持昼夜简单城市道路情况下的自动驾驶，包括云端服务、软件平台、参考硬件以及参考车辆平台在内的 4 个模块全部开放。

（2）首次开放产品安全服务。Apollo 2.0 通过云端的安全 OTA、系统层级的防火墙以及硬件层级的黑盒子这 3 方面来保障系统的安全运行。

（3）自定位、感知、规划决策能力加强。Apollo 2.0 实现了对红绿灯的有效识别，新增的变道功能也会根据路况进行自主判断，规划车辆进一步的动作。

（4）云端仿真能力加强。原本在 Apollo 1.5 上需要花费 30min 的仿真测试，在 Apollo 2.0 版本上只需要 30s，减轻了平台测试者的工作量。

Apollo 2.0 在平台层面上基本实现了功能完整性、开放性和产品的安全性，达到了一个相对稳定的状态。在商用上，百度也发布了基于 Apollo 2.0 的、与金龙客车合作的无人驾驶园区穿梭巴士——阿波龙，标志着 Apollo 平台的正式落地。

2018 年 4 月，百度正式发布 Apollo 2.5 版本，围绕场景、成本、车型、性能等维度进行了多项升级。尤其值得关注的，一是新增支持国内激光雷达厂商和百度联合开发的"激光雷达＋摄像头"的一体化传感器，开发者无须再使用国外昂贵的激光雷达产品；二是新增"单目广角摄像头＋毫米波雷达"的解决方案，通过基于摄像头的视觉感知方案，使传感器成本较之前降低 90%。同时，Apollo 2.5 版本支持限定区域视觉高速自动驾驶，解锁高速公路场景，并开放视觉感知、实时相对地图、高速规划与控制 3 大能力。

2018 年 7 月，据 Apollo 1.0 发布整整一年之后，百度在 AI 开发者大会上正式发布 Apollo 3.0。百度创始人、董事长兼首席执行官李彦宏宣布，L4 级别的量产自动驾驶巴士"阿波龙"正式下线。

对于百度而言，Apollo 3.0 意味着无人驾驶平台实现了从技术研发到量产的第一步。Apollo 3.0 在架构、能力、平台、方案上进行了全方位的更新，在原有开发架构基础上新增了量产解决方案。

首先，Apollo 3.0 将硬件参考车辆平台升级为车辆认证平台。Apollo 官方给出自动驾驶技术所需要的车辆标准，供整车厂在制造车辆时参考，开发者可自由选择经过 Apollo 认证的车辆，即可无缝使用 Apollo 平台。

其次，Apollo 3.0 将硬件参考平台升级为硬件开发平台，并发布 Apollo 传感器单元，支持雷达、摄像头、激光雷达、GNSS、IMU 等设备接入，使得多传感器融合更加容易实现。

最后，Apollo 3.0 推出了 3 个自动驾驶量产解决方案，分别为自主泊车、无人作业小车和自动接驳巴士。

2019 年 1 月，百度在 CES 大会上正式发布 Apollo Enterprise 和 Apollo 3.5。

Apollo Enterprise（Apollo 企业版）被定义为"自动驾驶和车联网领域的商业解决方案"。主要面向车企、供应商和出行服务商，帮其实现智能化、网联化、共享化，提供量产、定制、安全的自动驾驶和车联网解决方案。

Apollo 3.5 版本中，自动驾驶系统的规划、预测、感知和定位等主要模块都得到了升级。在硬件方面，Apollo 3.5 对现有的 5 个硬件模块进行了更新，包括计算单元、GPS/IMU 导航系统、摄像头、雷达和激光雷达。同时新增了两个新的硬件模块：Apollo 扩展单元和车路协同 V2X OBU。

百度随 Apollo 3.5 的发布还推出一个全新的面向自动驾驶的高性能开源计算框架——Apollo Cyber RT。这是一个独立的开源框架，包含专为构建自动驾驶模块和应用的组件，并提供标准化模块接口，开发者可在短时间内构造整套解决方案。

从 2017 年 7 月到 2019 年 1 月，Apollo 平台从 1.0 版本发展到 3.5 版本，这是中国互联网公司展示出的科技发展的中国速度。同时，百度的自动驾驶汽车项目更得到了各方政府的支持。2018 年 3 月，北京市有关部门在经过封闭测试场训练、自动驾驶能力评估和专家评审等系列程序后，向百度发放了北京市首批自动驾驶测试试验用临时号牌。同年 3 月，福建省平潭县的平潭综合实验区颁发了福建省首批自动驾驶路测牌照，百度和金龙客车各拿下 3 张。没有方向盘、制动和驾驶座位的无人驾驶接驳巴士"阿波龙"在这里测试并最终量产。随后 4 月，重庆市自动驾驶道路测试启动仪式在两江新区中国汽研举行，重庆自动驾驶管理联席小组相关领导向百度等车企颁发了重庆市首批自动驾驶路测牌照。

有了这些路测牌照，我国的自动驾驶车辆就可以正式上路行驶并收集更多实时数据和现场信息，为下一步全面上路打下坚实基础。

5.1.2　Apollo 平台技术框架

Apollo 技术框架由 4 层构成，从下到上依次是参考车辆平台（Reference Vehicle Platform）、参考硬件平台（Reference Hardware Platform）、开放软件平台（Open Software Platform）和云服务平台（Cloud Service Platform），如图 5.1 所示。下面分别介绍各平台模块。

Apollo 3.5 架构图

云服务平台	高清地图	仿真平台	数据平台	安全模块	在线升级（OTA）	DuerOS	量产服务组件	V2X路测服务
开放软件平台	地图引擎	定位模块	感知模块	规划模块	控制模块	端到端(End-to-End)	人机交互接口(HMI)	V2X适配器
	Apollo Cyber RT 框架							
	实时操作系统(RTOS)							
参考硬件平台	计算单元	GPS/IMU	摄像头	激光雷达	毫米波雷达	超声波雷达	人机交互接口(HMI)设备	黑盒子(Black Box)	Apollo传感器单元	Apollo扩展单元	V2X车载终端
参考车辆平台	Apollo 认证线控车辆						开放车辆接口标准	

■ 图 5.1　Apollo 平台技术框架图

1. 参考车辆平台

参考车辆平台指的是一辆能够受电子信号控制、经由百度认证的完整乘用车。现阶段经百度认证，与 Apollo 平台兼容的开放车型有以下 4 款，其中 Apollo 3.5 的车辆认证平台新引入了两款车型：广汽 GE3 以及长城 WEY VV6。

(1) 林肯 MKZ 车型,如图 5.2 所示。

图 5.2　林肯 MKZ

(2) Polaris GEM 车型,如图 5.3 所示。

图 5.3　Polaris GEM

(3) 广汽 GE3 车型,如图 5.4 所示。

图 5.4　广汽 GE3

(4) 长城 WEY VV6 车型,如图 5.5 所示。

图 5.5　长城 WEY VV6

2. 参考硬件平台

参考硬件平台,包含计算单元、GNSS/IMU、摄像头、激光雷达、毫米波雷达、人机交互设备、BlackBox 等硬件。这些硬件设备会在后面章节详细介绍。

3. 开放软件平台

开放软件平台包括实时操作系统、承载所有模块的框架层、高精地图与定位模块、感知模块、决策规划模块及控制模块。

与普通地图不同,高精地图主要服务于自动驾驶车辆,通过一套独特的导航体系,帮助自动驾驶解决系统性能问题,扩展传感器检测边界。目前 Apollo 内部高精地图主要应用在高精定位、环境感知、决策规划、仿真运行 4 大场景,帮助解决林荫道路 GNSS 信号弱、红绿灯的定位与感知难以及十字路口复杂等导航难题。目前,Apollo 高精地图的自动化程度已经达到了 90%,准确识别率达到了 95% 以上,预计 2020 年可以覆盖全国所有的重点道路。

定位模块方面,Apollo 采用了多传感器融合定位方案。前文介绍过,GNSS 主要依靠卫星定位,但其信号容易受到干扰,如玻璃幕墙会不断反射 GNSS 信号,所以 GNSS 定位精度在米级别。为了提高其精度,可以通过建立 RTK 基站,将两者信号做差分,这样环境因素就可以忽略不计,从而将 GNSS 的精度提高到 10cm 左右。这种精度还不够,而且只有当车辆靠近 RTK 基站范围 30km 内才能发挥其作用。再加上 GNSS 和 RTK 的计算结果是实时的,存在可能跳变的因素,所以需要 IMU 惯性导航来加以配合。IMU 可以根据车辆的位置和各种速度的叠加做积分来预测车辆的行进位置,从而提高车辆定位的精确度。再配合点云地图和实时数据的采集来分析车辆位置,加上以摄像头为主的视觉定位,车辆定位就可以达到厘米级的精度。

感知功能同样是通过多传感器融合方案实现的。通过对障碍物的识别、分类和目标跟踪,自动驾驶车辆可以精确感知周围的环境。在 Apollo 上,多传感器融合依赖于 Perception fusion DAG 框架。通过构造算法,将 DAG 描述连接到一起,开发者就可以完成定制的多传感器感知和融合。

规划模块会将 GNSS 和 IMU 提供的信息作为输入,处理后生成规划信息,包括路径和速度信息,提供给控制模块使用。当车辆收到控制信号之后,Apollo 系统通过 CAN BUS 将信号传递给线控单元,从而实现对油门、方向盘、换挡、转向灯等的精确控制。

4. 云服务平台

云服务平台包括高精地图、模拟驾驶的仿真服务、数据平台、安全和 OTA 服务等。

自动驾驶和普通驾驶最大的区别在于,自动驾驶是由计算机来决定车辆的状态。通常,一位优秀的驾驶员需要具备多年的驾驶经验,可以处理多种复杂的路况。但是,使每个人都成为"老司机"很难实现。无人车的优势在于,当一辆车拥有处理复杂路况的经验,就可以通过后台服务让所有的自动驾驶车辆都具备同等的经验。并且,每一辆自动驾驶车辆都可以将实时路况上传至云服务平台,形成海量的数据集合。当自动驾驶的算法更新时,可以在所有路况中再运行一次,以仿真测试实际环境,所以数据和仿真平台在自动驾驶系统中至关重要。

Apollo 仿真平台内置高精地图的仿真场景,支持感知、规划、控制多算法模块验证。在仿真平台中,虚拟车辆不仅能"看得见"路况,更能了解路况信息,通过测试的自动驾驶算法验证会更加精确。

5.2 Apollo 车辆要求

5.2.1 车辆功能要求

Apollo 开放平台对车辆功能要求的优先级分为必需和可选两种。

必需的功能要求如下。

(1) 控制接口要求:1 路 CAN 通道,要求在车辆后备厢预留一路自动驾驶控制系统的 CAN 通信接口。

(2) 计算平台及传感器供电功能:新增一路功率 400W 的电源,默认输出电压为 13.5V,输出电压误差小于 2%,纹波电压不大于 400mV。用电设备处于后备厢中,需在后备厢配置供电接口,线束布置需符合整车规范。

(3) 车辆状态:车辆 VIN 编码。

(4) 整车故障:发生整车故障时,完全退出至人工驾驶模式。

(5) 紧急退出按钮:通过此按钮可以实现将所有子系统从自动驾驶状态紧急切换到人工驾驶状态。

可选的车辆功能需求如下。

(1) 动力学模型:加速动力曲线、制动动力学曲线、转向性能。

(2) 电池续航里程:对电动车有此要求。

(3) 线控安全等级:ASIL-B/D level。

(4) 为了方便传感器的安装,最好选用无天窗配置的车辆。车辆需为车载计算平台提供必要的散热条件,具体方案需根据计算平台和车辆情况制定。

5.2.2 车辆线控要求

Apollo 开放平台对车辆的线控要求分为:线控转向功能、线控驱动功能、线控挡位功能、线控驻车功能和线控灯光功能。下面分别描述功能要求。

1. 线控转向功能

线控转向功能如表 5.1 所示。

表 5.1 线控转向功能介绍

子功能	信号	描 述	性能要求	信号分辨率	指令周期	响应延时	优先级
转向控制	使能	总线控制转向系统从人工驾驶状态切换到自动驾驶状态的标志位			≤20ms	≤100ms	必需
	与前轮转角呈线性关系的信号值	总线控制转向系统转动的目标角度	最大转动角度设置范围 θMAX：视车而定 最大超调角 $\Delta\theta_1$：$[0,6]$：0.6；$(6,66]$：$\min[2, \theta_{target} \times 10\%]$；$(66, \theta\text{MAX}]$：$\min[3, \theta_{target} \times 3\%]$； 最大角度误差 $\Delta\theta_2$：0.6 deg 转动执行时间 ΔT_2：$\text{Max}(200, 1.25 * \theta_{target}/\theta'_{target})$ms 超调时间 ΔT_3：<200ms	1deg			
	目标前轮转速	总线控制转向系统的目标转动速度(deg/s)	转动速率设置范围 θ_{target}：0～500deg/s	1deg/s			
转向反馈	前轮转角	前轮转角(deg)		0.1deg			
	前轮转速	前轮转动速度(deg/s)		1deg/s			
	转向驾驶模式	转向系统的驾驶模式信息					
	故障信息	转向系统的故障信息					
越界处理			越界拒绝执行,并退出自动驾驶模式				

线控转向性能说明如下：

(1) 目标角度 θ_{target} 是指通过 CAN 总线发送的转角指令,以正负号区分左转还是右转。

(2) 目标转动角速度 θ'_{target} 是指通过 CAN 总线发送的转动角速度指令,以正负号区分左转还是右转。

(3) 实际反馈角度是指方向盘(或转向传动装置上)安装的转角传感器测量并通过 CAN 总线反馈的方向盘转动角度。

(4) 最大超调角 $\Delta\theta_1$ 是指方向盘转动过程中实际反馈角度超过目标角度的最大角度值。

(5) 最大角度误差 $\Delta\theta_2$ 是指方向盘转动实际角度达到目标角度时允许存在最大误差。

(6) 转动响应延迟时间是指 CAN 总线上开始发出目标角度指令的时刻到接收到实际反馈角度开始产生变化的时刻之间的时间差。

(7) 转动执行时间 ΔT_2 是指实际反馈角度开始产生变化的时刻与反馈角度第一次达到目标角度时刻之间的时间差。

（8）超调时间 ΔT_3 是指反馈角度第一次达到目标角度时刻与反馈角度第一次达到最大角度误差要求时刻之间的时间差。

2. 线控驱动功能

线控驱动功能如表 5.2 所示。

表 5.2　线控驱动功能介绍

子功能	信号	描述	性能要求	信号分辨率	指令周期	响应延时	优先级
驱动控制	使能	总线控制驱动系统从人工驾驶状态切换到自动驾驶状态的标志位			≤20ms	≤500ms	必需
	车辆目标纵向加速度（可选）	目标车辆加速度（m/s²）	首选目标车辆加速度(m/s²)：最大驱动加速度 A_{Max}：≥3m/s²；响应延时：<300ms；最大超调：[0,3]：min(0.3, target×10%)；	0.1m/s²			
	虚拟目标加速踏板位置（可以是目标加速度或者电机扭矩等）	目标加速踏板的位置（%）	对应执行时间：<500ms [3, A_{Max}]：min(0.4, target×10%)；对应执行时间：<800ms；备选目标加速踏板位置(%)：范围：0~100；对应最大加速度 A_{Max}：≥3m/s²；响应延时：<300ms；最大超调：对应加速度：[0,3]：min(0.3, target×10%)；对应执行时间：<500ms [3, A_{Max}]：min(0.4, target×10%)；对应执行时间：<800ms	1NM			
	驾驶模式	驱动系统的驾驶模式		—			
驱动反馈	纵向加速度（可选）	车辆实际纵向加速度（m/s²）	—	0.1m/s²			可选
	车速	车辆实际纵向车速（km/h）	0.1km/h	0.1km/h			
	轮速（可选）	车辆实际轮速（rad/s）	精度低于1%	—			
	故障信息	驱动系统的故障信息	—	—			
人工接管	加速人工指令覆盖	当驾驶员驱动加速踏板，踏板请求可以覆盖总线控制指令请求					必需
越界处理		越界拒绝执行，并退出自动驾驶模式					

线控驱动性能说明如下：
（1）最大驱动加速度指的是车可以达到的最大加速度值。
（2）驱动响应延迟时间是发送命令到开始执行的时间。
（3）最大超调是指油门调节的过程中，目标值与实际值之间的最大误差。
（4）对应执行时间是驱动开始响应到达到目标加速度的值。

3. 线控挡位功能

线控挡位功能如表5.3所示。

表5.3 线控挡位功能介绍

子功能	信号	描述	性能要求	信号分辨率	指令周期	响应延时	优先级
挡位控制	挡位控制使能	挡位系统从人工驾驶状态切换到自动驾驶状态的请求标志位			≤100ms	<1s	必需
	目标挡位	目标挡位P/R/N/D					
挡位反馈	挡位信息	当前挡位状态			≤100ms	≤100ms	
	故障信息	变速器的故障信息					

4. 线控驻车功能

线控驻车功能如表5.4所示。

表5.4 线控驻车功能介绍

子功能	信号	描述	性能要求	信号分辨率	指令周期	响应延时	优先级
驻车控制	驻车控制使能	驻车系统从人工驾驶状态切换到自动驾驶状态的请求标志位			≤20ms	<1s	推荐
	驻车请求	驻车控制的请求位					
	驻车状态反馈	当前的驻车状态					
	驻车系统故障反馈	反馈驻车系统的故障情况					

线控制动性能说明如下：
（1）最大驱动减速度指的是车可以达到的最大减速度值。
（2）驱动响应延迟时间是发送命令到开始执行的时间。
（3）最大超调是指制动调节的过程中，目标值与实际值之间的最大误差。
（4）对应执行时间是制动开始响应到达到目标加速度的时间值。

5. 线控灯光功能

线控灯光功能如表5.5所示。

表 5.5 线控灯光功能介绍

子功能	信号	描述	性能要求	信号分辨率	指令周期	响应延时	优先级
灯光控制	转向灯控制(可选)	转向灯控制信号			≤200ms	<1s	推荐
灯光反馈	转向灯状态(可选)	转向灯状态			≤200ms		

5.3 Apollo 支持的传感器

Apollo 开放平台官网(http://apollo.auto)现已上线了一个专页介绍 Apollo 支持的硬件及传感器。只要经过 Apollo 团队测试并通过,具备该硬件所需的功能,就能为上层软件平台提供支持。Apollo 硬件参考平台主要分为:激光雷达、毫米波雷达、摄像头、导航模块、工控机、CAN 卡和 Apollo 传感器单元,下面分别详细介绍各硬件参数。

5.3.1 激光雷达

Apollo 平台认证以下种类激光雷达为 Apollo 官方适配。

1. Velodyne VLS-128

VLS-128 是 Velodyne 公司开发的 128 线激光雷达,其探测距离为 300m,是专为 Level 5 级别自动驾驶功能开发的,如图 5.6 所示。它具有如下特性:

- 128 频道;
- 300m 范围;
- 每秒 880 万激光点;
- 360°水平视场;
- 40°垂直视场;
- 0.2°×0.1°分辨率;
- 具备感知意识的动态智能发射。

VLS-128 型激光雷达能够提供细节丰富的成像,无须融合额外的传感器,可提高车辆计算的安全性和冗余度,降低总体计算复杂度。并且,采用 VLS-128 型激光雷达,可跳过多传感器数据融合步骤,采集原始数据直接运行算法,进行定位、物体检测和分类,减少数据处理时间,提升了行车安全。

2. Velodyne HDL-64E S3

如图 5.7 所示,HDL-64E S3 是 Velodyne 公司推出的 64 线激光雷达,也是百度 Apollo 平台使用最广泛的一款激光雷达。它具有如下特性:

- 64 频道;
- 120m 范围;
- 每秒 220 万激光点;
- 360°水平视场;
- 26.9°垂直视场;

图 5.6　Velodyne VLS-128

图 5.7　Velodyne HDL-64E S3

- 0.08°角分辨率(方位角)；
- 精确度<2cm；
- 0.4°垂直分辨率；
- 用户可选择的帧速率；
- 坚固耐用。

HDL-64E S3 是以自动驾驶车辆进行障碍物检测和导航为目的而设计的一款激光雷达。其具有坚固耐用、360°的视野和高数据率等特性，使得该激光雷达适用于大多数感知系统、无人驾驶 3D 数据收集系统以及高精地图系统。Velodyne HDL-64E S3 采用的激光阵列使导航和感知测绘系统能够较好地观察车身周围的环境。

Velodyne HDL-64E S3 需要定制的结构才能安装在车辆顶部。该结构必须能为激光雷达系统提供刚性支撑，同时在驾驶条件下将激光雷达升高到地面以上的某个高度。该高度应保证来自激光雷达的激光束不被车辆的前部和/或后部阻挡。激光雷达所需的实际高度取决于车辆的设计，并且激光雷达的安装点取决于所使用的车辆。激光器的垂直倾斜角通常在相对于地平线+2°～-24.8°范围内。

3. Velodyne ULTRA Puck VLP-32C

如图 5.8 所示，ULTRA Puck VLP-32C 是 Velodyne 公司最新推出的 32 线远程激光雷达传感器。它具有如下特点：

- 64 频道；
- 双回程；
- 最高 200m 范围；
- 每秒 120 万激光点；
- +15°～-25°度垂直视场；
- 360°水平视场；
- 低功耗设计；
- 防护设计；
- 连接端口：RJ45/M12。

ULTRA Puck VLP-32C 将性能与外形尺寸做了很好的平衡,既具有低成本效益,又确保可靠性,同时提供市场所需的性能。VLP-32C 具备 360°环绕视角和实时 3D 数据获取等 3D 激光雷达的创新突破,并且具有随旋转角度测量距离和校准反射率等功能。

Puck 系列激光雷达需要定制结构才能安装在车辆顶部,该结构必须能为激光雷达系统提供刚性支撑。如果系统中仅使用一个激光雷达,则安装底座需要将激光雷达升高到一定高度,以避免激光束被车身阻挡。如果要安装多个激光雷达,安装底座需要提供合适的激光雷达配置,包括系统要求的激光雷达定位和倾斜。

4. Velodyne PUCK VLP-16

如图 5.9 所示,Puck VLP-16 是 Velodyne 公司推出的 16 线激光雷达传感器。它具有如下特点:

- 双回程;
- 仅重 830g;
- 16 频道;
- 100m 范围;
- 每秒 60 万个激光点;
- 360°水平视场;
- ±15°垂直视场;
- 低功耗设计;
- 坚固防护设计。

■ 图 5.8　Velodyne ULTRA Puck VLP-32C

■ 图 5.9　Velodyne PUCK VLP-16

Puck VLP-16 激光雷达传感器是 Velodyne 公司推出的体积最小的 3D 激光雷达产品,适合大规模量产使用。该款激光雷达具备的关键功能有实时周边环境数据获取、360°环绕视角、3D 距离和校准反射率测量等。

Puck VLP-16 的安装注意事项与 ULTRA Puck VLP-32C 一致,这里就不再赘述了。

5. Pandora

如图 5.10 所示,Pandora 是禾赛科技推出的一套为自动驾驶量身定做的集激光雷达、摄像头以及识别算法为一体的环境感知软硬件解决方案。其激光雷达和摄像头在出厂时已经做好同步和校准,无须二次标定。它的关键参数如下。

激光雷达：
- 扫描原理：旋转电机；
- 线数：40；
- 探测距离：0.3～200m（20％反射率）；
- 测量频率：720kHz；
- 激光器等级：Class 1 人眼安全；
- 水平视场角：360°；
- 水平角分辨率：0.2°～0.4°；
- 测量精度：±5cm(0.3～0.5m)，±2cm(0.5～200m)；
- 垂直视场角：−16°～7°；
- 垂直角分辨率：0.33°(−6°～+2°)；1°(−16°～−6°，+2°～+7°)。

彩色摄像头：
- 分辨率：1280×720；
- 视场角：52°（H），28.6°（V），61°（D）；
- 焦距：5.47mm；
- 畸变率：<−14.2％。

黑白摄像头：
- 分辨率：1280×720；
- 视场角：129°（H），81.8°（V），142.4°（D）；
- 焦距：1.65mm；
- 畸变率：<−44.2％。

系统参数：
- 尺寸：高 190mm，上直径 116mm，下直径 118mm；
- 功耗：30W；
- 工作温度：−10℃～60℃；
- 工作电压：9～32V；
- 保护等级：IP66；
- 扫描频率：10Hz，20Hz；
- 数据传输方式：以太网(1000Mb/s)。

Pandora 套件需定制的结构才能安装在车辆顶部。该结构必须能为 Pandora 系统提供刚性支撑，同时在驾驶条件下将 Pandora 升高到地面以上的某个高度。该高度应保证来自 Pandora 的激光束不被车辆的前部和/或后部阻挡。

6. Innovusion 激光雷达

如图 5.11 所示，Innovusion 公司推出的激光雷达在垂直和水平尺寸上具有超过 300 行的分辨率和数百个像素。其探测范围最远为 150m，这使得汽车能够在高速公路上以及在复杂的驾驶情况下及时反应并做出决定。并将激光雷达的原始数据与摄像头视频融合在一起，可减少延迟，提高计算效率。

■ 图 5.10　禾赛科技的 Pandora 环境感知解决方案

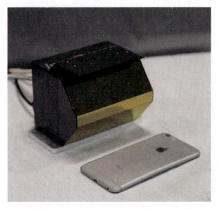
■ 图 5.11　Innovusion 激光雷达

5.3.2　毫米波雷达

1. ARS408-21

如图 5.12 所示，这款 Continental 公司出品的 ARS408-21 实现了开阔的视角和远距离检测的功能。因此，自适应巡航控制、前方碰撞警告和紧急辅助制动都得以较简单地实现，并且它还可以独立侦测静止物体。

2. B01HC

如图 5.13 所示，B01HC 北京理工雷科电子信息技术有限公司自主研发的 77GHz 毫米波汽车防撞雷达，采用了 MIMO 虚拟孔径技术，实现了更好的精度、更高的角度分辨率、更小的体积，并兼容了近远距探测功能，可在全工况条件下，对车辆行驶环境和其他车辆目标进行实时探测，是无人驾驶及 ADAS 系统的核心传感器。

■ 图 5.12　Continental 的 ARS 408-21 雷达

■ 图 5.13　北京理工雷科的 77GHz 毫米波汽车防撞雷达 B01HC

5.3.3　摄像头

1. LI-USB30-AR023ZWDR

如图 5.14 所示，摄像头模组 LI-USB30-AR023ZWDR 采用标准 USB 3.0，由 Leopard

Imaging 公司制造。该系列产品基于 AZ023Z 1080P 传感器和安森美半导体的 AP0202 ISP。它支持外部触发和软件触发。

在 Apollo 平台上，建议使用 3 个摄像头，两个带 6mm 镜头的摄像头和一个带 25mm 镜头的摄像头，以达到交通信号灯检测应用所需的性能。

该摄像头可通过 USB 3.0 电缆连接到 IPC，用于电源和数据通信。外部触发信号可通过 HR25-7TP-8P(72) 连接器发送到摄像头。

2．Truly Camera

如图 5.15 所示，Argus 摄像头模组是由 Truly Seminconductors 和百度联合投资开发的产品。Argus 摄像头具有高动态范围（HDR 120dB），内部/外部触发和 OTA 固件更新。它能很好地匹配 Apollo 传感器单元。该系列产品基于安森美半导体的 AR230 1080P 传感器和 AP0202 ISP。

图 5.14　Leopard Imaging 的 LI-USB30-AR023ZWDR 摄像头模组

图 5.15　Truly Seminconductors 的 Argus 摄像头模组

该摄像头模组可通过 FAKRA 连接器连接到 Apollo 传感器单元，以进行数据传输、触发和 OTA 固件更新。

3．Wissen 摄像头

如图 5.16 所示，Wissen 摄像头模组是 Wissen Technologies 和百度联合投资开发的产品。该系列相机具有高动态范围（HDR 120dB），内部/外部触发和 OTA 固件更新。

该摄像头模组同样可通过 FAKRA 连接器连接到 Apollo 传感器单元，以进行数据传输、触发和 OTA 固件更新。

图 5.16　Wissen Technologies 的 Wissen 摄像头模组

5.3.4　导航模块

1．NovAtel ProPak6

如图 5.17 所示，NovAtel ProPak6 是一个独立的 GNSS 接收器。它和一个单独的 NovAtel-supported IMU 协同工作提供定位功能。

IMU-IGM-A1 是一个 IMU（惯性计算单元）与一个 SPAN-enabled GNSS 接收器，例如

SPAN ProPak6 相互配对进行工作。

和 GNSS-IMU 一同使用的 GNSS 接收器/天线是 NovAtel GPS-703-GGG-HV,如图 5.18 所示。

■ 图 5.17　NovAtel ProPak6

■ 图 5.18　NovAtel GPS-703-GGG-HV

2. NovAtel SPAN-IGM-A1

如图 5.19 所示,NovAtel SPAN-IGM-A1 是一个集成的单盒,并且紧密耦合了全球卫星导航系统和惯性导航系统,以 NovAtel OEM615 接收器为特点。和 GNSS-IMU 一同使用的 GNSS 接收器/天线是 NovAtel GPS-703-GGG-HV。

NovAtel GPS-703-GGG-HV 必须和两种 GPS-IMU 选择的任一模型(SPAN-IGM-A1 和 Propak6),以及全球定位系统(GPS)和惯性计算单元(IMU)协同工作。

3. NV-GI120

如图 5.20 所示,NV-GI120 是 NAV Technology 出品的导航和定位系统。它集成了高精度 GNSS 板卡和高精度 MEMS 陀螺,具备实时姿态和位置解析能力,并能传输传感器和板卡的原始数据以供高精度分辨率的后处理动作。

NV-GI120 将 GNSS 接收器和 MEMS IMU 设备集成进一个小型的紧凑装置中,以提供高精度的定位结果。它支持双重天线配置和多频段频率的接收。

■ 图 5.19　NovAtel SPAN-IGM-A1

■ 图 5.20　NAV Technology 的 NV-GI120

5.3.5　工控机

Nuvo-6108GC

如图 5.21 所示,Nuvo-6018GC 是 Neousys 出品的支持高端显卡 GPU 的工业级计算机。其设计目的是为新兴的 GPU 加速应用(如人工智能、VR、自动驾驶和 CUDA 计算)提供计算平台，内置英伟达的 GPU 能提供 250W TDP。通过集成英特尔 C236 芯片组，Nuvo-6018GC 支持 Xeon® E3 版本的 5 代或 6 代 i7／i5 核心 CPU，并支持 32GB ECC／non-ECC DDR4 内存。它集成了千兆以太网、USB 3.0 和串口等通用计算机接口。除了用于 GPU 安装的 x16 PCIe 端口，Nuvo-6018GC 还提供了两个 x8 PCIe 插槽，可以连接其他用于信息收集和通信的设备。

■图 5.21　Neousys 的 Nuvo-6108GC 工控机

Nuvo-6108GC 采用 Neousys 的专利设计，具备在严酷的工业环境中提供稳定的 GPU 计算的能力，其散热设计能够保证即使在 100% GPU 运算时的温度也不超过 60℃，并且能够长时间可靠稳定地运行。

其参考配置如下：
- 华硕 GTX1080 GPU-A8G-Gaming 显卡；
- 32GB DDR4 内存；
- PO-280W-OW 280W AC/DC 电源适配器；
- 2.5″SATA 磁盘 1TB 7200r/s。

5.3.6　CAN 卡

CAN-PCIe/402-B4

如图 5.22 所示，ESD Electronics 出品的 CAN-PCIe/402-B4 卡具备如下规格：
- 4 CAN Interfaces；
- 1x DSUB37；
- 电气隔离设计。

5.3.7　Apollo 传感器单元

Apollo 传感器单元（ASU）被设计为和工业级 PC（IPC）协同工作以实现在 Apollo 自动驾驶平台上的传感器数据融合、车辆控制和网络访问。ASU 系统提供多种接口以收集来自不同传感器的数据，包括摄像机、激光雷达、雷达和超声波传感器。该系统同样使用 GNSS

■ 图 5.22　ESD Electronics 的 CAN-PCIe/402-B4

接收器的秒脉冲(PPS)和 GPRMC 语句实现摄像机和激光雷达的同步数据收集。ASU 和 IPC 的通信通过 PCI Express 接口。ASU 收集传感器数据并通过 PCI Express 接口传输给 IPC，IPC 通过 ASU 发送车辆控制指令，该指令基于区域网络控制协议(CAN 协议)。

Apollo 传感器单元如图 5.23 所示。

■ 图 5.23　百度 Apollo 传感器单元

系统接口如下。

1）前面板接口

（1）外部 GNSS PPS / GPRMC 输入接口。

（2）FAKRA 摄像机数据输入接口(5 个接口)。

（3）10/100/1000M Base-T 以太网接口(2 个接口)。

（4）KL-15（AKA Car Ignite）信号输入接口。

2）后面板接口

（1）Micro USB 到 UART 接口(保留为调试使用)。

（2）Micro USB 到 UART 接口(ASU 配置端口)。

（3）供内置 LTE 模块使用的 Micro SIM 卡片支架。

（4）通用 UART 接口(保留)。

(5) USB 3.0 type A port(2个接口)。
(6) 外部 PCI Express 接口(支持 X4 或 X8)。
(7) GNSS PPS / GPRMC 输出接口(3个接口)。
(8) Micro USB 2.0 OTG。
(9) 连接 Stereo Camera 的电源和 PPS/GPRMC 输出接口。
(10) CAN BUS(4个接口)。
(11) 主电源输入接口。

5.4 Apollo 平台的安装和使用

构建 Apollo 的系统要求是 Ubuntu 14.04。所以在安装 Apollo 前,需要提前安装好 Ubuntu 14.04 系统。

5.4.1 Apollo 内核的编译

Apollo 内核是基于官方 Linux 内核 4.4.32 并进行了一些修改的,为运行 Apollo 软件堆栈提供必要的内核级支持。

从 GitHub 上的发布部分下载发行包:

```
https://github.com/ApolloAuto/apollo-kernel/releases
```

下载发布包后,通过如下命令解压缩至当前目录:

```
tar zxvf linux-4.4.32-apollo-1.0.0.tar.gz
cd install
sudo ./install_kernel.sh
```

如果系统硬件中安装有 ESD CAN 卡,则需要添加 ESD CAN 驱动程序才能使 ESD CAN 卡运行 Apollo 软件。可以参阅 Linux/ESDCAN-README.md 来进行安装。

然后通过下面的命令来构建更改后的内核:

```
sudo ./build.sh
```

5.4.2 构建 Docker 容器

使用 Docker 容器是为 Apollo 项目设置构建环境的最简单方法。参考官方指南安装 docker-ce。安装并设置完成后,注销当前用户,然后重新登录系统以启用 Docker。

请注意,由于 Docker 的启动需要内核文件的支持,请确保上述的内核编译过程成功,再进行以下安装步骤。可以通过以下命令来确定当前内核是否为 Apollo 内核。

```
uname -r
```

如果在安装 Apollo 内核之前已安装 Docker,请在/etc/default/docker 中添加以下行:

```
DOCKER_OPTS = "-s overlay"
```

5.4.3 编译 Apollo 源代码

首先下载 Apollo Source。可从 GitHub 网站下载 Apollo 源代码并查看正确的分支:

```
git clone git@github.com: ApolloAuto/apollo.git
cd $ APOLLO_HOME
```

然后启动 Docker 容器,拉取镜像文件。Apollo 提供了一条 dev-latest 命令用来构建映像。运行以下命令以拉取镜像,启动容器。在以下命令中,假设 Apollo 目录位于 $ APOLLO_HOME:

```
bash docker / scripts / dev_start.sh
```

进入容器:

```
bash docker / scripts / dev_into.sh
```

接着,开始正式编译 Apollo。如果硬件环境中安装有 ESD CAN 卡,在开始编译之前,请根据 ESD CAN README 中的说明获取 ESD CAN 库。

```
cd  $ APOLLO_HOME
bash apollo.sh build
```

当出现[OK] Build passed! 时,即说明编译成功。
如果编译很卡,可以在后面附加参数限制 CPU,如:

```
bash apollo.sh build -- local_resources 2048,1.0,1.0
```

5.4.4 启动并运行 Apollo 平台

请按照如下步骤启动 Apollo。
首先启动人机交互界面(HMI):

```
bash scripts/bootstrap.sh
```

然后访问人机交互界面。可使用 Chrome 浏览器,打开 HMI。在浏览器地址栏输入以下网址:

```
http://localhost: 8888
```

然后即可显示 Apollo 的人机交互界面如图 5.24 所示。

■ 图 5.24　Apollo 启动页面

从第一栏的下拉框里选择 Navigation 模式，如图 5.25 所示。

■ 图 5.25　选择 Navigation 模式

通过如下命令播放演示 rosbag：

```
bash ./docs/demo_guide/rosbag_helper.sh download  # download rosbag
rosbag play -l ./docs/demo_guide/demo_2.5.bag
```

这时，Apollo Dreamview 会开始播放一辆带有预测轨迹的行驶中的汽车，即表明 Apollo 软件平台安装成功，如图 5.26 所示。

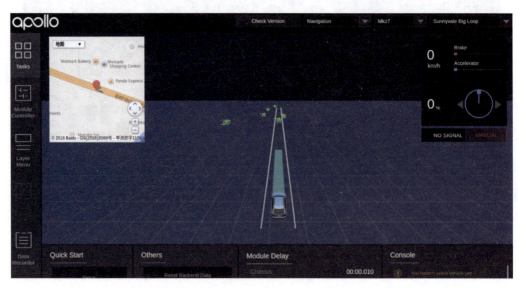

图 5.26　Apollo Dreamview 画面

5.5　开放数据集

为更好地帮助开发者使用 Apollo 平台开发自己的自动驾驶方案，百度开放了整套自动驾驶相关数据集，开发者可以使用该数据集训练机器学习算法并在线验证，以达到研发目的。以下介绍的数据集都可以通过百度 Apollo 官网（http://apollo.auto）下载获得。

5.5.1　仿真场景数据

Apollo 平台开放的仿真场景数据包括人工编辑以及真实采集的场景，覆盖多种路型、障碍物类型以及道路环境；同时开放云端仿真平台，支持算法模块在多场景中并发在线验证，以加速算法迭代速度。

1. 自动驾驶虚拟场景

本场景来自于人工编辑，构造了红绿灯十字路口、直行车道等多种场景集合。数据集内包含 9 个路口右转的场景数据、9 个路口掉头的场景数据、18 个路口左转的场景数据、29 个直路直行的场景数据、17 个路口直行的场景数据、19 个直路变道的场景数据。

2. 实际道路场景

本场景来自于真实道路采集，覆盖了城市道路中红绿灯十字路口、直行车道等多种场景。数据集内包含5个直路变道场景数据、25个路口直行场景数据、1个路口右转场景数据、27个路口左转场景数据和42个直路直行场景数据。

5.5.2 标注数据

标注数据是为了满足深度学习训练需求，经人工标注而生成的数据。目前百度开放了多种标注数据，同时在云端配套提供相应的计算能力，供开发者在云端训练算法，提升算法迭代效率。

1. 激光点云障碍物检测分类

激光点云障碍物检测分类数据集提供20 000帧三维点云标注数据，包括10 000帧训练数据和10 000帧测试数据。其中训练数据可用于算法模型的训练，含障碍物共约236 000个；测试数据可用于算法的测试，含障碍物共约239 000个。此外，数据集还提供100帧可下载数据，可用于算法的调试、测试及可视化。

本数据集全部为真实路面场景，数据采集场景丰富，每帧点云通过专业标注人员标注出4类障碍物：行人(Pedestrian)、机动车(Vehicle)、非机动车(Cyclist)以及其他(DontCare)。"其他类"代表对行驶有影响(如位于车辆行驶道路上)，但由于距离远或遮挡等因素无法被标注人员确定为机动车、非机动车或行人的一类障碍物。标注覆盖了场景360°内0～60m的所有障碍物，标注障碍物总量约为475 000个。标注结果如图5.27所示，图中机动车、非机动车、行人及其他障碍物均用不同颜色的框表示。

■图5.27 标注结果示意图

本数据集可用于障碍物检测算法和障碍物分类算法的研发和评测。对于基于机器学习的算法，可使用训练集对算法模型进行训练。对于基于规则的算法，可直接使用测试集对算法的效果进行评测。

2. 红绿灯检测

红绿灯检测数据集提供了常见的竖式红绿灯的图像数据。采集时段为白天，采集天气覆盖晴天、阴天和雾天，分辨率为1080P。

本数据集提供20 000帧图像数据，分为10 000帧训练集和10 000帧测试集，测试集抽取 200 帧作为样例图像。采集时段集中在 8：00～17：00，采集区域集中在北京市部分道路，采集天气覆盖晴天、阴天和雾天。图像为 1080P 彩色图像。红绿灯为竖式（包含 3 个圆饼或箭头），标注的灯头宽度大于 10 个像素，按照颜色分为绿灯与非绿灯两类，其中非绿灯包括了红灯、黄灯与黑灯（不确定颜色，很暗或不发光）。20 000 帧图像共包含 27 787 个绿灯和 43 852 个非绿灯（包括 36 880 个红灯，1785 个黄灯和 5187 个黑灯）。

对于红绿灯识别任务来说，数据的广度非常重要。百度自动驾驶团队采集、标注了大量红绿灯数据，并仍在不断扩充中。本数据集具有如下特点：

（1）标注信息丰富。数据标注包括：红绿灯的位置，亮灯颜色（红、黄、绿、黑），亮灯形状（圆饼、箭头等），灯组类别（横式、竖式、方形等）等信息。

（2）覆盖场景广。数据覆盖多种天气状况（晴天、阴天、雾天、雨天等）和光照条件（白天、傍晚和夜晚）。

3. Road Hackers

本数据集有两种主要类型数据，街景图像和车辆运动状态。街景图像提供车前图像，车辆运动状态数据则包括车辆的当前速度和轨迹曲率。

数据分为两部分：训练集和测试集。使用训练集调试算法，用测试集评测结果。

4. 基于图像的障碍物检测分类

本数据集采集涵盖城市道路和高速场景，由人工标注出 4 大类障碍物：机动车、非机动车、行人及静态障碍物，可用于视觉障碍物检测识别算法的研发和评测。

本数据集提供 20 000 帧图像数据，分为 10 000 帧训练集和 10 000 帧测试集。训练集、测试集中各抽取 100 帧作为样例图像。采集区域为北京市部分区域。图像为 1080P 彩色图像。标注内容主要包括汽车、三轮车、二轮车、行人及道路上的静态障碍物。20 000 帧图像共包含 176 779 辆汽车、17 317 辆三轮车和二轮车、35 738 个行人、4633 个锥桶。

5. 障碍物轨迹预测

本数据集的采样数据来源于多源传感器的综合抽象特征，每组数据提供 62 维车辆和道路相关信息，可用于障碍物行为预测算法的研发和评测。

障碍物轨迹预测数据集提供了 20 000 个障碍物运动数据，其中包括 10 000 个训练数据和 10 000 个测试数据，每个数据表示一个障碍物的当前运动特征和真实的行为意图。其中训练数据可用于算法模型的训练；测试数据可用于算法的评测。此外，数据集还提供 100 个可供下载的数据，用于算法的调试、数据分析及数据可视化。

本数据集采样全部来自真实路面场景，数据采集场景丰富，每个数据均为路面上真实的机动车障碍物。其中，包含了该机动车多帧的历史数据信息，并经过感知层一系列处理后，形成相应的障碍物特征和路面特征。数据的标注信息是根据在后续 1s 观测中障碍物是否在预设车道内进行的自动标注，其结果是形成一个二分类问题：>0 为正例，即 1s 后该障碍物在预设车道内；≤0 为负例，即 1s 后该障碍物不在预设车道内。其中，若标注为 1，则为沿当前车道正样本；若标注为 0，则为沿当前车道负样本；若标注为 2，则为变道正样本；若标注为 −1，则为变道负样本。

本数据集可以用于障碍物机动车的预测算法的研发和测试。可以构建一个机器学习算法，利用提供的训练集进行模型训练并利用测试集进行评价。对于基于规则的算法可以直接利用测试集进行效果测试。

6. 场景解析

场景解析数据集包括了上万帧的高分辨率 RGB 视频和与其对应的逐像素语义标注。同时,提供了具有语义分割测量级别的稠密点云、紧急情况的立体视频以及立体全景图像。

该场景解析数据集旨在为推动自动驾驶技术的研发提供一个大规模的开放数据集。数据集中不仅包括了上万帧的高分辨率 RGB 视频和与其对应的逐像素语义标注,还提供了具有语义分割测量级别的稠密点云、紧急情况的立体视频以及立体全景图像。图 5.28 展示了逐像素语义标注示意图。图 5.29 展示了处理之后的深度图。

图 5.28　逐像素语义标注图

图 5.29　深度图

5.5.3　演示数据

目前 Apollo 平台开放了多种演示数据,覆盖了车载系统演示数据、自定位、端到端数据等模块,旨在帮助开发者调试各模块代码,确保 Apollo 最新开放的代码模块能够在开发者本地环境运行成功,通过演示数据可以体验各模块的能力。

1. 车载系统演示数据

提供真实场景下采集的传感器数据(激光雷达点云数据、车辆线控数据等各车载模块的输出),可以用于调试 Apollo 车上的主要模块。

本数据集提供真实场景下采集的传感器数据,涵盖完整的激光雷达点云数据(LiDAR)、相机图像数据(Camera)和雷达数据(Radar),可用于了解本期 Apollo 的主要算法模块,包括感知、决策控制等。

激光雷达点云数据是感知模块障碍物检测识别算法最主要的数据源之一。它是一组三维空间中的点集,包括三维坐标、激光的反射强度、时间戳等信息,用来描述激光雷达附近的真实立体场景。感知模块通过读取点云数据,检测识别行驶道路上的障碍物,包括车辆、行人、自行车等物体,进而使系统具备识别、躲避障碍等功能。

本数据集的传感器方案包括两个单目相机,焦距分别为 6mm 和 25mm,图像采集频率均为 8.9Hz。通过两个相机采集到的图像数据,可以用于感知模块的红绿灯检测识别算法,使系统具备简单城市道路环境下的红绿灯识别功能。

毫米波雷达可用于简单城市道路环境下的障碍物位置与速度估计,是感知模块障碍物检测识别算法的另一主要数据源。毫米波雷达具有准确估计障碍物速度的优势,能够与激光雷达准确估计障碍物位置、形状等的特点相辅相成。两种传感器的检测识别结果相互融合,能够使系统输出更加准确的障碍物信息。

2. 标定演示数据

本数据集提供车端标定数据采集工具生成的标定服务演示数据。数据包括一段约 3min 的 HDL-64ES3 的原始数据、组合惯导和相对运动信息,以及对应的 md5 校验和文件。

本数据集的采集设备为 Velodyne 64 线激光雷达 HDL-64ES3 与 NovAtel。本数据集是标定服务的测试数据,结合标定指南帮助用户了解标定服务的使用方式。

3. 端到端数据

本数据集是通过百度地图采集车采集而来的。目前,该数据集覆盖了中国整个公路网,总长达百万千米。本数据集提供车前图像和车辆运动状态两种类型数据。地图采集车辆捕获 360°视图图像,但是由于文件大小限制,本数据集只提供 320×320 分辨率的车前图像 JPG 格式数据。车辆运动状态数据包括当前速度和轨迹曲率。

数据主要来源于传感器的原始数据,包括图像、激光雷达、毫米波雷达等。端到端的输入以图像为主。输出的是车辆的控制决策指令,如方向盘角度、加速、制动。连接输入输出的是深度神经网络,即通过神经网络直接生成车辆控制指令对车辆进行横向控制和纵向控制,中间没有人工参与的逻辑程序。横向控制,主要是指通过方向盘控制车身横向移动,即方向盘角度。纵向控制,是指通过油门和制动控制车身纵向的移动,即加速、制动等。横向模型的输出没有采用方向盘角度,而是使用要行驶的曲率(即转弯半径的倒数)。原因如下:

(1) 曲率更普适,不受车辆自身参数如转向传动比(steering ratio)、轴距(wheel base)等影响。

(2) 曲率与方向盘角度之间的函数关系简单,低速时通过 Ackermann 模型就可以反演,高速时通过一个简单的网络也可以拟合。

故得到的横向控制模型就是:通过前向的影像,给出车辆要行驶的曲率。纵向模型的输出是加速度。

本数据集分为两部分,训练集和测试集。使用训练集调试算法,使用测试集检验模型。训练集有 5 246 135 个样本,测试集有 125 043 个样本。

4. 自定位模块演示数据

本数据集提供了 1063 帧自定位测试数据,分为 testdata1 和 testdata2 两组,分别包含

586 帧和 477 帧连续帧数据。每帧测试数据包含一张彩色图像和对应的低精度 GNSS 数据和高精度 INS 数据，其中高精度 INS 数据只作为自定位真实值。采集区域为某高速公路，其中图像为 RGB 三通道彩色图像，分辨率为 1920×1208，采集频率为 30Hz，GNSS 数据频率为 8Hz，INS 数据频率为 20Hz。

该组测试数据主要测试自定位算法在正常高速公路不拥堵场景下的自定位能力。自车以 100km/h 左右速度正常行驶，覆盖巡航、变道、旁车超车等情形。

参考文献

[1] [2018-9-12]. http://apollo.auto.
[2] [2018-10-3]. https://www.velodynelidar.com.
[3] [2018-10-5]. http://www.hesaitech.com/en/pandora.html.
[4] [2018-10-7]. https://www.conti-engineering.com/en-US/Industrial-Sensors/Industrial-Sensors.
[5] [2018-9-21]. http://www.racobit.com.
[6] [2018-9-15]. https://leopardimaging.com/product/li-usb30-ar023zwdrb/.
[7] [2018-10-17]. http://www.wissenstar.com.
[8] [2018-11-1]. https://www.novatel.com/products.
[9] [2018-11-13]. https://www.neousys-tech.com.
[10] [2018-11-11]. https://esd.eu/en/content/can-pcie402-overview.